KB179785

8시간에 끝내는 기초영어 미드천사: 왕초보 패턴

8시간에 끝내는 기초영어 미드천사: 왕초보 패턴

1판 1쇄 2015년 8월 14일
1판 5쇄 2018년 4월 26일

지은이 Mike Hwang
발행처 Miklish
주소 서울시 서대문구 홍제동 156-361, 501호
전화 010-4718-1329, 070-7566-9009
홈페이지 miklish.com
e-mail iminia@naver.com
ISBN 979-11-951702-6-5

국립중앙도서관 출판예정도서목록(CIP)

8시간에 끝내는 기초영어 미드천사 : 왕초보 패턴
= English speaking with American drama angel within 8 hours: beginner pattern / 지은이: Mike Hwang. --
서울 : Miklish, 2015 160p. ; 12.7cm X 18.8cm

본문은 한국어, 영어가 혼합수록됨
ISBN 979-11-951702-6-5 14740 : ₩11400
ISBN 979-11-951702-7-2 (세트) 14740

영어 학습[英語學習]

745-KDC6
425-DDC23 CIP2015018285

8 시간에 끝내는 기초영어 미드천사

8시간에 끝내는 기초영어 미드천사: 왕초보 패턴

Mike Hwang

Miklish.com

머리말 Q

문법을 몰라도 된다?

문법을 모르고도 영어를 잘할 수 있는 시기는 3살 이전에(모국어가 결정되지 않은 경우) 약 500시간 이상 영어에 노출하면 조금씩 할 수 있게 됩니다. 물론 이후에도 꾸준히 영어로 상호작용을 해야 효과가 있습니다.

하지만 약 7살부터는 문법 없이 영어를 잘할 수 없습니다. 기초적인 문장은 만들 수 있겠지만, 중급 이상의 회화는 불가능합니다.

초등학교에서 배우는 대부분의 영어는 문법에서 벗어난 '기초 영어'이고, 중학생 이후엔 독해를 위해 '분석하는 영어'를 배웁니다. 그런 영어는 말하는 데 큰 도움이 되지 않습니다. 그렇게 배워서는 일주일에 5시간씩 10년(2,400시간)을 해도 일상회화가 어렵습니다. 참고로 한 언어를 익히는데 3,000시간 정도가 걸립니다. 능숙하게 하는 데는 사천~만 시간 정도가 걸리고요.

그렇다고 학원을 다니면(물론 학원과 학습 시간에 따른 차이는 있습니다), 수업 중에는 영어가 되는 것 같은데, 실제로 외국인을 만나면 말이 안 나옵니다. 그 이유는 수업 중에는 상황별로 정해진 영어를 배우지만, 현실에서는 그 상황대로 흘러가지 않기 때문입니다.

그래서 필요한 것이 '문법 패턴'입니다. 제가 그동안 낸 책들 대부분은 문법을 기반으로 해서 말하기나 쓰기를 훈련하는 책들입니다. 일단 문법 패턴이 익혀지면, 이후는 시간문제입니다. 영어로 관심 있는 것들을 꾸준히(약 1년~3년) 하다 보면, 중급 이상의 영어를 할 수 있게 됩니다.

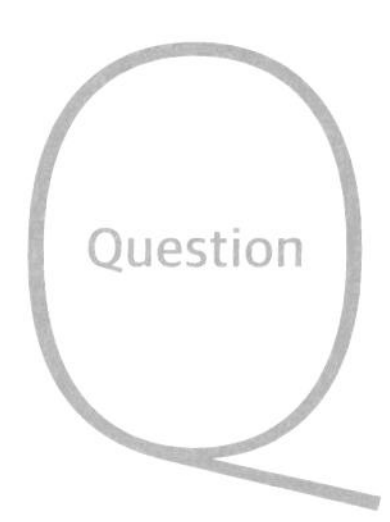

자막 없이 미드 본다?

자막 없이 미국 드라마를 볼 수 있다고 거짓 광고하거나, 미드로 영어 공부하는 분들이 많습니다. 그런데 자막 없이 미드를 이해하는 수준은 보통 수준이 아닙니다. 1~2년 정도 유학을 했거나, 영어를 전공한 사람도 자막 없이 미드 볼 수 있는 사람은 드뭅니다.

기초 실력 없이는 아무리 미드를 많이 봐도 실력이 오르지 않습니다. 그 이유는 한국어는 영어와 구조가 완전히 다르기 때문인데요(참고로 일본어는 문법이 비슷해서 한글 자막 틀어놓고 보면 자연스럽게 일본어가 됩니다). 한국어와 영어의 차이점을 이해하고(강의 듣기 http://goo.gl/p576xq), 영어를 영어로 받아들일 수 있어야 말할 수 있습니다. 그러려면 기본적인 영어의 문법 구조를 체득해야 합니다. 이 책의 목표는 그 문법 구조를 미드를 통해 말하기로 익히는 것입니다. 그 이후에는 영어의 적응 속도에 따라서 실력이 늘어납니다. 이 책만 익힌다고 자막 없이 미드를 볼 수는 없습니다. 하지만 그동안은 미드를 봐도 실력이 늘지 않았다면, 이제는 보면 볼수록 실력이 늘게 됩니다. 그때부터는 최대한 영어를 많이 접하고, 말하고, 듣고, 써봐야 합니다.

이 책(미드천사: 왕초보 패턴)의 다음 책 <8시간에 끝내는 기초영어 미드천사: 기초회화 패턴>은 올해 말(2015년 11월 경)에 출간됩니다. 그 다음 단계는 이미 출간된 <4시간에 끝내는 영화영작:기본패턴>입니다. 이 책(미드천사)조차 어렵다면 <8문장으로 끝내는 유럽여행 영어회화>를 추천해드립니다.

머리말 A

한국어와 영어의 차이 강의 듣기 http://goo.gl/p576xq

외국인을 만났는데, 외국인이 '너 밥 먹었니?'라고 묻자,

'나는 집에서 밥을 먹는다.'를 말하려고 합니다.

나는 I, 집은 home, 밥은 rice, 먹는다는 eat 이니까.

'I home rice eat'라고 말하지만 외국인이 이해하지 못합니다.

왜 이해하지 못할까요?

그 이유는 한국말에는 '~가', '~를' 등의 조사가 있지만,

영어에는 조사가 없기 때문입니다. 그래서 I home rice eat라고 말하면,

나(I)를 먹는지, 집(home)을 먹는지, 밥(rice)을 먹는지 알 수 없습니다.

대신에, 영어에서는 첫 번째 단어에는 '~가'가 붙고, 두 번째 단어에는 '~한다'가 붙고, 세번째 단어에는 '~를'이 붙습니다.

옳은 문장은 I eat rice (at home).입니다. 보이지는 않지만, I 다음에는 내가가 있고, eat 다음에는 먹는것을 한다, rice 다음에는 밥을이 있는 것입니다.

쉽게 말해, 영어는 대부분 '누가-한다-무엇을'의 구조를 갖습니다. 영어문장 전체의 80% 이상이 이 구조이며(Complex Sentences by Susan Mandel Glazer), 이 구조에 익숙한 정도가 영어를 얼마나 잘하느냐를 결정합니다.

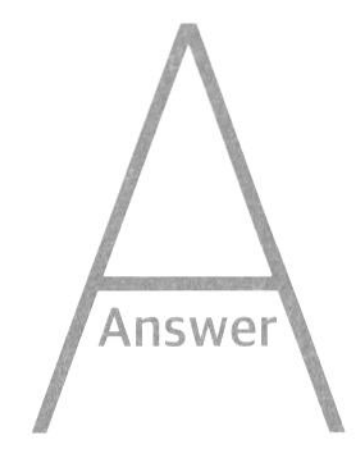

미드 영어 공부법

무조건 많이 보는 것보다는 적은 편수를 반복해서 보는 편이 효과적입니다. 마음에 드는 미드를 선정해서 한 에피소드를 여러 번 보고, 그다음 에피소드를 여러 번 보는식으로 공부하시면 됩니다. 이 책의 미드 중에서 난이도가 낮은 미드는 로스트나 엑스파일을 추천해드립니다.

1 한 에피소드를 한글자막으로 먼저 한번~5번 정도 보고(지루하면 한 번만),

2 영어자막으로 두 번~10번 반복해서 보고(지루하면 한 번만),

3-A (3-A, 3-B 중 택1) 영어자막으로 반복(약 1분)해서 보면서 여러번 따라 말하고, 잘 되면 영어자막을 없애고(알쇼 단축키 alt+H) 들리는대로 따라 말합니다. (동영상 플레이어 알쇼의 반복 시작 지점 키는 '[', 반복 끝 지점은 ']', 반복 종료는 '₩')

3-B 영어자막 없이 구간별 반복해서 들으면서 받아 적고(어렵다면 이것은 생략), 영어자막 없이 들리는 대로 따라 말하면서 보세요.

3-A가 더 쉽고, 3-B는 조금 어렵습니다. 3-A로 한번 한 뒤, 3-B로 다시 해도 좋습니다. 지루해서 이 방법으로 못 하시겠다면, 그냥 영어자막으로 많이 보셔도 안 보는 것보다는 훨씬 낫습니다. 좋아하는 영화를 이 방법으로 하셔도 좋습니다(4시간에 끝내는 영화영작 참고).

영어를 잘하는 분이라면 한글자막을 보지 않고, 영어자막으로만 보면 됩니다. 미드의 영어자막은 tvsubtitles.net이나 miklish.com에 있습니다. 영어 공부하시다가 궁금한 점도 miklish.com에 질문하시면 3일 내에 답변해드립니다.

무료 강의

팟캐스트 링크
goo.gl/8id6df

http://goo.gl/8id6df 에 접속하시면, 설치 필요 없이 들을 수 있습니다.

팟빵(팟캐스트)으로 듣기

다른 영어 강의도 찾아서 들을 수 있습니다.

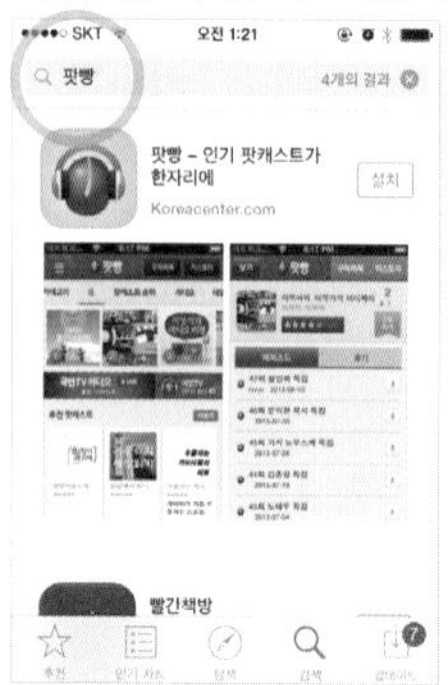

'팟빵'을 검색해서 앱을 다운 받는다.

왼쪽 상단을 클릭 후, 세 번째 아이콘 '검색'을 클릭.

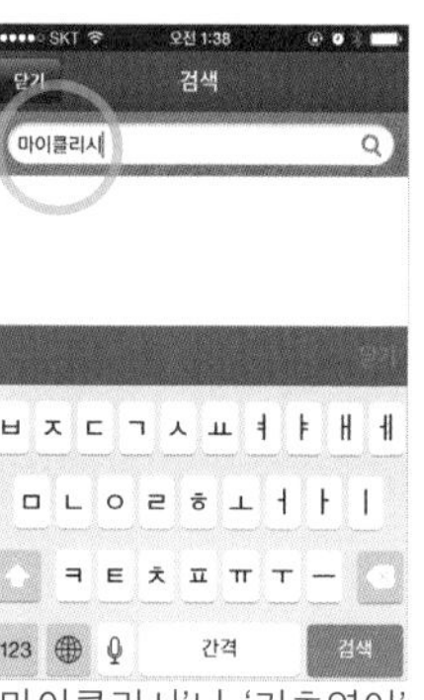

'마이클리시'나 '기초영어'를 검색.

오디오 클립(네이버)으로 듣기

휴대폰이나 컴퓨터로 **goo.gl/kbckkt**에 접속하시면 됩니다.

환갑이신 어머니께서 영어를 정복할 수 있을까요?

강의를 들으시면 그 결과를 알 수 있습니다 (매주 한편씩 올라옵니다.)

마이클리시 링크

질문답변, 공부법, 영상, 자막 MP3 등 다양한 정보를 얻을 수 있습니다.

miklish.com에서 듣기

1 QR코드로 듣기 책에서 QR코드가 나올 때마다 쉽게 들을 수 있습니다.

'네이버'를 검색해서 앱을 설치.

검색창 오른쪽의 마이크 표시를 클릭.

세 번째 아이콘인 QR코드 클릭.

2 인터넷으로 접속해서 듣기 설치 필요 없이 들을 수 있습니다.

컴퓨터나 휴대폰의 인터넷 창에서 miklish.com 접속.

게시판 클릭

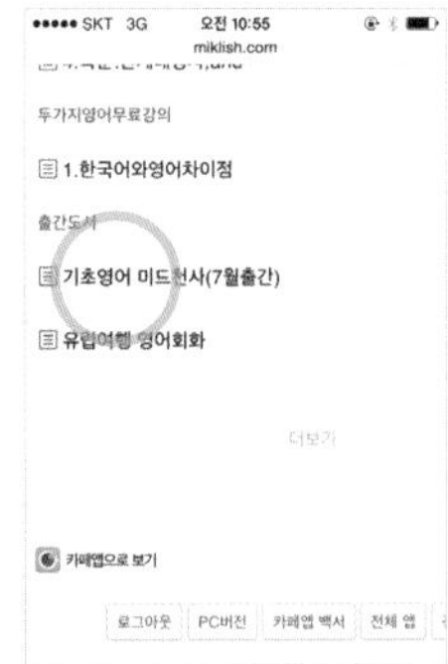

스크롤을 내린 뒤 '출간도서'의 '기초영어 미드천사' 클릭.

책 사용법

책의 구성

page.36-37

❶ 미드 소개와 등장인물. 푸른 글씨의 이름은 오른쪽 페이지(p.37)에서 등장하는 주요 인물.

❷ 미드의 인기순위, 연령별 선호도(높은 것은 진한 푸른색), QR코드, 미드 정보.

❸ 미드의 에피소드 줄거리. 중간의 붉은 문장은 그 단원에서 등장하는 문장.

page.38-39

❹ 주제문과 문법설명. 푸른 글씨는 공부해야 될 부분.

❺ 양 페이지에 등장하는 어휘

❻ 쓰기를 통해 미드 문장을 익히기

❼ 말하기를 통해 미드 문장을 연습하기. ❻의 쓰기에서 나온 문장이 반복된다.

❽ 쓰기 문장의 정답

❾ 말하기로 연습한 횟수를 표시한다

책 공부법

혼자 공부하기

1 ❸의 에피소드를 읽고, 필요에 따라 ❶의 등장인물 소개를 읽는다.

2 ❹의 문장과 문법 설명을 읽는다.

3 웹사이트에 접속해서(QR코드를 사용해도 좋다) 강의를 듣는다.

4 강의에서 함께 어휘를 읽어본다. (❻, ❼에서 쓰기, 말하기로 외워지므로 외울 필요는 없다)

5 쓰기로 ❻ 문장들을 연습한다.

6 ❽로 정답과 맞춰본다.

7 ❼의 영어 문장을 가리거나 보지 않고 말하기로 연습한다(강의를 통해 연습해도 좋다).

둘이 공부하기

혼자 공부할 때와 과정은 같으나 7번(말하기 연습)의 과정이 조금 다르다.

1 학생 A: 한글로 문제를 섞어서 낸다.

2 학생 B: 영어로 대답한다.

3 학생 A: B가 맞게 대답했으면 다른 한글 문제를 내고, 틀리게 대답했으면 옳은 문장을 말하고 다른 문장을 문제 낸다.

4 빨리 대답할 수 있도록 충분히 연습한 뒤 역할을 바꿔서 모든 문장을 3~4회 반복한다.

p.39 로 둘이 공부하는 예

A: 나는 너를 사랑한다. (한글 문제)

B: I love you. (옳게 말함)

A: 너는 나를 사랑한다. (다른 문제)

B: You love I. (틀리게 말함)

A: You love me. (답을 가르쳐 줌)

A: 그들은 우리를 사랑한다. (다른 문제)

이렇게 모든 문장을 3~4회 반복해서 공부한 뒤 역할을 바꾼다.

10 미드 선정

저는 2,000편 넘게 미드(=미국 드라마)를 봤고, 현재도 꾸준히 보고 있는 미드광입니다. 영어 실력이 가장 많이 늘었던 것은 3개월간 하루 종일 영어자막으로 '심슨 2~19시즌'과 '프리즌 브레이크'를 본 때였습니다.

미드 1시즌은 적게는 10편 보통 20편 정도로 이뤄져 있으며, 한편당 짧은 것은 20분, 보통은 40분, 긴 것은 60분 정도로 되어있습니다.

인기 없는 미드는 한 시즌에서 끝나는 것도 있는데, 대부분의 미드는 3~4시즌에서 많게는 20시즌이 넘는 것도 있습니다.

영화와 달리 편수가 많아서 질리지 않고 계속 볼 수 있는 것은 장점이지만, 반복해서 보기는 어렵습니다. 공부할 때는 반복해서 보지 않으면 효율이 떨어집니다. 그래서 가장 효율적이고 선호도가 높은 미드 10개를 뽑기 위해 미드 카페(http://cafe.naver.com/4dramaenglish)에서 설문 조사했습니다(가는 숫자는 득표 수).

1 섹스 앤 더 시티 (64), 2 모던패밀리 (61), 3 프렌즈 (58), 4 가십걸 (48),
5 왕좌의 게임 (34), 6 글리 (31), 7 빅뱅이론 (29), 8 위기의 주부들 (29),
9 프리즌 브레이크 (27), 10 하우스 (23)

위의 10편을 토대로 비슷한 장르거나 영어공부하기 어렵다고 생각된 '섹스 앤 더 시티, 프리즌 브레이크, 하우스'를 빼고 3편을 더해서 씨네21(http://cine21.com)과 미드카페에서 약 700분께 다시 설문조사했습니다.

재미있는 미드 설문조사(700명) 순위

= 가장 재미있게 본 미드 X 3점
+ 두번째로 재미있게 본 미드 X 1점
- 가장 재미없게 본 미드 X 2점

재미있는 미드 순위	영어 공부하기 좋은 미드	Mike 선별 쉬운 미드
1 프렌즈 480	1 프렌즈	1 로스트
2 왕좌의 게임 210	2 모던패밀리	2 엑스파일
3 모던패밀리 164	3 위기의 주부들	3 심슨
4 가십걸 161	4 심슨가족	4 프렌즈
5 엑스파일 94	5 가십걸	5 위기의 주부들
6 위기의 주부들 91	6 글리	6 글리
7 심슨가족 79	7 빅뱅이론	7 가십걸
8 로스트 73	8 로스트	8 모던패밀리
9 빅뱅이론 12	9 엑스파일	9 빅뱅이론
10 글리 -21	10 왕좌의 게임	10 왕좌의 게임

개인적으로 재미있게 본 미드 순위는, 왕좌의 게임, 모던패밀리, 빅뱅이론, 심슨가족, 프렌즈, 위기의 주부들, 로스트, 글리, 엑스파일, 가십걸입니다.
세계적으로 가장 재미있는 미드 순위에서는(http://goo.gl/rezZRq), 2위에 왕좌의 게임, 62위에 엑스파일이 있습니다. 나머지는 100위권 밖입니다. 대장금이 108위에 있네요. 1위는 브레이킹 배드입니다.
발음은 로스트, 엑스파일, 위기의 주부들, 심슨이 또박또박 말하는 편이었습니다. 빅뱅이론과 왕좌의 게임은 안 쓰는 어휘가 많아서 어렵습니다.

1004 어휘 선정 1

미국인들이 가장 많이 쓰는 단어는?

미국 성인처럼 말하는 데는 약 4만 단어를 알아야 합니다. 이 중에서 2만 단어 정도를 말하고 쓸 수 있으면 됩니다. 그 중 천 단어가 일상 회화의 89%를 차지합니다. 3,000단어로는 95%를 해결할 수 있습니다(goo.gl/fk0EOJ).

미국인들이 방송에서 가장 많이 쓰는 단어 41,284개(https://goo.gl/1VdyhB) 중에서 3,000단어를 뽑았고, 그 중에 중복되는 것을 빼고 많이 쓰는 순서로 1004를 제시합니다. 예를 들어, eat와 ate를 다른 단어로 분류한 것을 원래 형태(사전에 실린)인 eat로 합쳤고, angry와 anger, exactly와 exact 처럼 비슷한 형태인 다른 품사의 경우 더 많이 쓰는 단어 angry, exactly로 합쳤습니다. hand와 handle처럼 형태는 비슷하지만 뜻이 다르면 둘 다 실었습니다.

이 책의 모든 문장은 되도록 1,004개의 단어만 가지고 문장을 만들었습니다. 어려운 단어가 나왔을 경우 1,004 안에 들어있는 쉬운 단어로 바꿨습니다. 이 어휘만 완벽히 알아도 일상회화는 큰 어려움이 없습니다. 89%를 해결할 수 있으니까요.

'왕초보 패턴'에서는 많이 쓰이는 순서대로 1,004개를 나열했습니다. 이 책의 다음 책인 '8시간에 끝내는 기초영어 미드천사: 기초 패턴'에서는 품사별, 알파벳 순서로 1,004개를 나열합니다.

말하기에서 많이 쓰는 어휘가 아니라 글에서 많이 쓰는 어휘는 <나쁜 수능영어>를 집필하면서 만든 자료(http://goo.gl/24f5gw)를 참고하세요.

푸른색 단어는 <미드천사:왕초보 패턴>에 등장하는 단어 1~78

순번	단어	노출빈도	의미
	you		너는, 너를
	I		나는
	to		~에게
	the		그
	is		상태모습이다
	it		그것은, 그것을
	not		~하지 않는다
	a		한
	that		저, 저것
	and		그리고
	do		한다
	have		가지다
	are		상태모습이다
	what		무엇은, 무엇을
	of		~의
	me		나를
	know		안다
	in		~안에
	go		가다
	this		이, 이것
	get		생기다
	no		누구도 ~하지 않는다
	for		~을 위해
	we		우리는
	he		그는
	my		나의
	was		상태모습이었다
	just		단지, 막
	will		~할 것이다
	be		상태모습이다
	on		~에 접촉해서
	your		너의
	with		~과 함께
	so		그래서, 아주
	but		그러나
	she		그녀는
	all		모든
	well		잘, 글쎄
	oh		(살짝 놀람)
	think		생각하다
	want		원하다
	about		~에 대하여
	right		옳은, 오른쪽
	did		~했다
	would		~하려한다
	here		여기
	out		밖에
	there		거기
	like		좋아한다
	yeah		(동의함)
	if		~한다면
	her		그녀의, 그녀를
	okay		괜찮은
	can		~할 수 있다
	come		오다
	say		말하다
	up		위 쪽으로
	now		지금
	him		그를
	they		그들은
	tell		말하다
	how		어떻게, 얼마나
	see		보(이)다
	at		~의 지점에서
	look		눈을 향하다
	one		어떤 한 사람, 어떤 한 물건
	make		만들다
	really		정말로
	why		왜
	us		우리를
	take		가져가다
	mean		의미하다
	good		좋은
	time		시간
	could		~할 수도 있다
	as		~할 때, ~로서
	let		허락하다
	who		누구

1004 어휘 선정 2

when	~할 때
love	사랑하다
thing	~것
back	뒤로
were	상태모습이었다
can't	~할 수 없다
from	~로 부터
hey	(부를 때)
something	어떤 것
need	필요하다
yes	(동의함)
his	그의
been	상태모습이다
some	약간
or	또는
because	~하기 때문에
talk	말하다
then	그러고 나서
way	방법, 길
thank	감사하다
an	한
give	주다
little	약간
does	한다
them	그들을, 그것들을
where	어디(에서)
gonna	(당연히) ~할 것이다
never	절대 ~하지 않는다
too	너무
man	남성, 사람
guy	사내
should	~해야 한다
feel	느끼다
our	우리의
call	부르다, 전화하다
hear	들리다
find	찾다
try	시도하다
sure	확신하는

more	더 많은, 더 많이
over	~위에
sorry	미안한
happen	발생하다
work	일하다
am	상태모습이다
maybe	아마도
down	아래쪽으로
uh	(머뭇거림)
very	아주
by	~에 의해
life	생명, 삶
wait	기다리다
help	돕다
anything	어떤 것
much	많은, 많이
any	어떤
even	심지어
off	~에 떨어져서
please	부탁합니다
only	오직
two	두개인
people	사람들
day	날
keep	유지하다
god	신
show	보여주다
nothing	아무것도 (아니다)
still	여전히
into	~의 안 쪽으로
again	다시
great	대단한
ask	묻다, 요구하다
everything	모든 것
night	밤
believe	믿다
before	~전에
better	더 좋은
ever	한번도, 언제나

순번	단어	노출빈도	의미
	than		~보다
	stop		멈추다
	put		놓다
	away		멀리
	first		첫번째(인)
	long		긴
	mom		엄마
	other		다른
	home		집
	dad		아빠
	fine		좋은
	leave		남기고 떠나다
	friend		친구
	kind		종류, 친절한
	listen		귀 기울이다
	after		~후에
	year		년
	big		큰
	last		마지막, 지난
	these		이, 이것들
	around		~의 주위에
	live		살다
	use		사용하다
	lot		많음
	kill		죽이다
	start		시작하다
	always		항상
	care		돌보다
	Mr.		~씨
	huh		(동의를 바람)
	those		저, 저것들
	stay		머무르다
	girl		소녀
	minute		분(시간)
	late		늦은
	wrong		틀린
	through		~을 통해
	new		새로운
	woman		여성
	being		상태모습인 것
	mother		어머니
	bad		나쁜
	guess		추측하다
	understand		이해하다
	hi		(안녕)
	baby		아기
	place		장소, 위치시키다
	remember		기억하다
	father		아버지
	marry		결혼하다
	run		달리다
	together		함께
	lose		지다, 잃다
	actually		사실은
	name		이름
	hope		소망하다
	nice		좋은
	else		그 밖에
	someone		누군가
	done		끝난
	their		그들의
	course		물론, 과정
	hell		지옥
	might		~할지도 모른다
	bring		가져오다
	kid		아이
	family		가족
	worry		걱정하다
	mind		마음
	every		모든
	enough		충분한, 충분히
	idea		아이디어
	old		늙은
	must		~해야 한다
	turn		돌다, 바꾸다
	problem		문제
	move		움직이다
	boy		소년

1004 어휘 선정 3

yourself	너 자신을
own	~의 소유인
miss	놓치다, 그리워하다
whole	전체의
another	또 하나의
house	집
Jack	남자 이름
best	최고의, 최고로
um	(머뭇거림)
change	바꾸다
hold	유지하다
happy	행복한
son	아들
play	놀다, 경기하다
hmm	(생각중임)
hurt	아프게하다, 아픈
hello	(안녕)
which	어떤 것
room	방
money	돈
left	leave의 과거(떠났다), 왼쪽
lie	거짓말하다
break	부수다
tonight	오늘 밤
matter	문제
real	진짜인
meet	만나다
forget	잊다
same	같은
die	죽다
suppose	추측하다
pretty	꽤, 예쁜
job	직업
sir	(남자분)
head	머리
hand	손
exactly	정확히
already	이미
may	~할 것 같다

next	다음
three	셋인
seem	~처럼 보이다
world	세계
honey	사랑하는 사람, 꿀
wonder	궁금해하다
myself	나 자신을
hard	어려운, 힘든
walk	걷다
deal	거래
second	두번째인
pay	지불하다
ah	(놀람)
probably	아마도
sit	앉다
watch	보다
both	둘 다
while	~하는 동안
word	단어
dead	죽은
gotta	~해야 한다
plan	계획, 계획하다
sound	~처럼 들리다, 소리
soon	곧
child	아이
alone	혼자
check	확인하다
since	~이래로
excuse	봐주다, 변명
question	질문
today	오늘
sweet	달콤한
car	자동차
ready	준비된
until	~할 때까지
fuck	성교하다
without	~없이
whatever	무엇이든
week	주

235~390

순번	단어	노출빈도	의미
	yet		아직
	cause		야기하다
	end		끝내다
	doctor		의사
	part		부분
	face		얼굴
	chance		기회
	hate		싫어하다
	once		(과거에) 한번
	somebody		누군가
	hour		시간
	morning		아침
	close		가까운, 닫힌
	reason		이유
	stuff		물건
	most		대부분의, 가장
	brother		형제
	open		열다
	point		지점, 요점
	sleep		자다
	truth		진실
	school		학교
	heart		마음, 심장
	lucky		운좋은
	true		진실인
	business		사업
	each		각각의
	few		2~3개인
	wife		아내
	anyone		누군가
	easy		쉬운
	damn		(제기랄)
	trust		신뢰하다
	eye		눈
	person		사람
	promise		약속하다
	bye		(안녕:헤어질 때)
	stand		서다, 견디다
	Dr.		(의사,박사)~씨
	case		경우
	such		그런
	sister		여동생, 누나
	different		다른
	mm		(생각 중)
	anyway		어쨌든
	drink		마시다
	many		수가 많은
	save		구하다, 아끼다
	fact		사실
	send		보내다
	phone		전화
	pick		고르다
	decide		결정하다
	wish		소망하다
	tomorrow		내일
	anymore		더이상
	five		5개인
	least		가장 적은
	town		마을
	everybody		모두들
	everyone		모두들
	ha		(웃음)
	speak		말하다
	fight		싸우다
	spend		소비하다
	ago		~전에
	perfect		완벽한
	beautiful		아름다운
	daughter		딸
	set		놓다
	door		문
	crazy		미친
	party		파티
	afraid		두려운
	between		~사이에
	important		중요한
	buy		사다
	figure		모습(을 알아내다)

1004 어휘 선정 4

eat	먹다
read	읽다
serious	진지한
rest	나머지, 쉬다
fun	재미있는
fall	떨어지다
answer	대답
glad	기쁜
possible	가능성 있는
bit	약간
couple	커플
date	날짜
whoa	(워워~)
either	어느 하나는, 어느 하나도
Mrs.	(결혼한 여자) ~씨
wow	(놀람)
under	~의 아래에
drive	운전하다
lady	숙녀
fire	불
hit	치다
act	행동하다
hang	걸다
throw	던지다
interested	흥미있는
four	4개인
far	먼
game	게임
book	책
write	쓰다
power	힘
trouble	문제
mine	나의 것인
though	~하지만
times	번, 배
line	줄
order	주문하다, 명령하다
Sonny	(남자 이름)
hospital	병원
anybody	누군가
Sam	(남자 이름)
alright	괜찮은
nobody	누구도 ~하지 않는다
wedding	결혼식
finally	마침내
shut	닫다
able	가능한
number	숫자
police	경찰
story	이야기
certainly	확실히
ya	(너)
free	자유로운
month	달
catch	잡다
dinner	저녁식사
against	~에 반대해서
funny	웃기는
scared	무서운
husband	남편
almost	거의
Jen(=Jennifer)	(여자 이름)
stupid	멍청한
office	사무실
cool	멋진, 시원한
news	뉴스
kiss	키스
realize	깨닫다
surprise	놀라다
half	절반
side	쪽
yours	너의 것인
picture	그림
safe	안전한
pull	당기다
sex	성별, 성교하다
young	젊은
sometimes	때때로

391~546

순번	단어	노출빈도	의미
	bed		침대
	also		또한
	law		법
	totally		완전히
	shot		쏘다
	blood		피
	sign		신호, 표시
	expect		기대하다
	wear		입다
	moment		순간
	dream		꿈꾸다
	Leo		(남자 이름)
	shit		(똥)
	behind		~뒤에
	inside		~안에
	high		높은, 높이
	ahead		앞으로
	mistake		실수
	wonderful		놀라운
	sense		감각
	past		지난
	cut		자르다
	quite		꽤
	sick		아픈
	death		죽음
	obviously		명백히
	along		~를 (쭉) 따라
	upset		속상한
	Carly		(여자 이름)
	protect		보호하다
	Ethan		(남자 이름)
	secret		비밀인
	sort		종류, 친절한
	stick		붙(이)다
	drop		떨어트리다
	finish		끝내다
	learn		배우다
	body		몸
	front		앞
	clear		분명한
	follow		따라가다
	light		빛, 가벼운
	hot		뜨거운
	explain		설명하다
	test		시험
	win		이기다
	six		여섯인
	parents		부모님
	early		이른, 일찍
	absolutely		절대적으로
	alive		살아있는
	Paul		(남자 이름)
	dance		춤추다
	David		(남자 이름)
	special		특별한
	bet		틀림 없다
	touch		건드리다
	ain't		상태모습이 아니다
	kidding		농담하는 중인
	honest		진실한
	full		가득한
	dear		(아끼는) 사람
	movie		영화
	build		짓다
	coffee		커피
	fault		잘못
	Frank		(남자 이름)
	water		물
	ten		10인
	choice		선택
	John		(남자 이름)
	fast		빠른, 빠르게
	steal		훔치다
	welcome		환영하다
	pain		고통
	paper		종이
	Christmas		크리스마스
	outside		밖에서

1004 어휘 선정 5

worse	더 나쁜
company	회사
pass	보내다
ooh	(놀람)
handle	다루다
personal	개인의
cop	경찰관
gun	총
control	통제하다
marriage	결혼
president	대통령
piece	조각
unless	(혹시라도)~하지 않는다면
offer	제공하다
grow	자라다, 키우다
foot	발
agree	동의하다
Jake	(남자 이름)
Al	(남자 이름)
ass	(엉덩이)
hundred	100
murder	살인하다
strong	강한
dog	개
completely	완벽히
relationship	관계
Michael	(남자 이름)
dress	드레스
push	밀다
hair	머리카락
anywhere	어디든
future	미래
weird	이상한
Luis	(남자 이름)
Max	(남자 이름)
simple	단순한
breathe	숨쉬다
dangerous	위험한
Crane	(남자 이름)

shoot	쏘다
somewhere	어딘가
straight	곧게, 쭉
Grace	(여자 이름)
sell	팔다
cold	추운
Phillip	(남자 이름)
White	(남자 이름)
Natalie	(여자 이름)
entire	전체의
food	음식
wake	깨우다
state	상태, 주(지역)
none	누구도 아님, 어떤것도 아님
birthday	생일
clean	깨끗한
terrible	끔찍한
street	거리
message	메시지
concern	염려하다
mention	언급하다
begin	시작하다
city	도시
deserve	~을 받을 만하다
angry	화난
become	~가 되다
teach	가르치다
twenty	20인
class	수업
Lucy	(여자 이름)
key	열쇠, 핵심
sweetheart	사랑하는 사람
forever	영원히
poor	가난한, 불쌍한
ride	타다
mad	미친
hide	숨다
except	~을 제외하고
charge	부과하다

순번	단어	노출빈도	의미
	appreciate		감사하다
	especially		특히
	notice		알리다
	quick		빠른
	situation		상황
	blow		불다
	besides		게다가
	himself		그 자신을
	worth		가치있다
	Sheridan		(이름의 성)
	amazing		놀라운
	top		꼭대기
	cover		덮다
	count		세다
	Ben		(남자 이름)
	rather		차라리 ~하다
	involved		관련된
	Julian		(남자 이름)
	swear		맹세하다
	card		카드
	lead		이끌다
	busy		바쁜
	black		검은색
	Joey		(남자 이름)
	press		누르다
	TV		텔레비전
	suddenly		갑자기
	Antonio		(남자 이름)
	country		나라, 시골
	usually		일반적으로
	drug		마약, 약
	less		더 적은
	perhaps		아마도
	step		단계, 걸음
	darling		사랑하는 사람
	fix		고치다
	Ms.		(여자) 씨
	air		공기
	record		기록하다

순번	단어	노출빈도	의미
	honor		명예
	treat		다루다
	admit		인정하다
	till		~할 때까지
	arm		팔
	enjoy		즐기다
	rule		규칙
	evil		악한
	definitely		분명히
	information		정보
	strange		이상한
	crime		범죄
	dollar		달러
	tired		피곤한
	Jason		(남자 이름)
	America		미국
	George		(남자 이름)
	evening		저녁
	human		인간
	Ross		(남자 이름)
	red		붉은색인
	trip		여행
	Brooke		(사람의 성)
	club		동호회
	memory		기억
	Niles		(미국 도시이름)
	calm		조용한
	imagine		상상하다
	present		현재, 선물
	Todd		(남자 이름)
	fair		공정한
	blame		비난하다
	apartment		아파트
	favor		호의
	court		법정
	Tony		(남자 이름)
	Alison		(여자 이름)
	Rick		(남자 이름)
	accept		받아들이다

1004 어휘 선정 6

responsible	책임있는
Rose	(여자 이름, 장미)
relax	휴식하다
burn	불태우다
million	백만
charity	자선
accident	사고
prove	증명하다
bag	가방
Danny	(남자 이름)
smart	똑똑한
small	작은
ball	공
table	탁자
fly	날다
Craig	(남자 이름)
mouth	입
pregnant	임신한
arrest	체포하다
middle	중간의
Billy	(남자 이름)
cry	울다
ring	벨이 울리다
careful	조심스러운
shall	(분명히)~한다
dude	(남자) 녀석
team	팀
Bob	(남자 이름)
guilty	유죄인
Ray	(남자 이름)
bother	성가시게 하다
instead	~대신에
buddy	친구
angel	천사, 여자 이름
Nick	(남자 이름)
gentleman	신사
patient	환자
forgive	용서하다
war	전쟁

jail	감옥
Miguel	(남자 이름)
destroy	파괴하다
force	강요하다
lunch	점심식사
Cristian	(남자 이름)
ruin	망치다
eight	8인
Greenlee	(지명)
Phoebe	(여자 이름)
ridge	산등성이
thousand	천의(숫자)
music	음악
consider	숙고하다
Luke	(남자 이름)
tough	거친
tape	테이프
Emily	(여자 이름)
boyfriend	남자친구
college	대학
proud	자랑스러운
star	별
bill	계산서
seven	7인
Timmy	(남자 이름)
history	역사
share	공유하다
hurry	서두르다
ow	(아플 때)
kick	차다
warn	경고하다
allow	허락하다
herself	그녀 자신을
voice	목소리
Chris	(이름)
Tom	(남자 이름)
letter	편지
list	목록
Kay	(이름)

703 ~ 858

순번	단어	노출빈도	의미
781	mess		엉망
782	evidence		증거
783	cute		귀여운
784	Jerry		(여자 이름)
785	Richard		(남자 이름)
786	smell		냄새나다
787	Jesus		예수님
788	excited		흥분된
789	James		(남자 이름)
790	shop		가게
791	hotel		호텔
792	Lindsay		(여자 이름)
793	Ryan		(남자 이름)
794	quiet		조용한
795	road		길
796	Eve		(여자 이름)
797	beat		치다
798	short		짧은
799	clothes		옷
800	threat		협박하다
801	neither		~도 아닌
802	demon		악마
803	Victor		(남자 이름)
804	respect		존경하다
805	carry		나르다
806	prison		감옥
807	shoes		신발
808	attention		주목
809	witch		마녀
810	near		가까운
811	pretend		~인 척하다
812	bar		술집
813	Beth		(여자 이름)
814	invite		초대하다
815	gift		선물
816	dark		어두운
817	self		자신
818	convince		납득시키다
819	owe		빚지다
820	waste		낭비하다
821	ice		얼음
822	Nora		(여자 이름)
823	incredible		(믿기지 않을 정도로) 놀라운
824	bitch		(개같은) 년
825	aunt		고모
826	normal		일반적인
827	lawyer		변호사
828	knock		노크하다
829	apart		떨어져서
830	Jax		(지명)
831	girlfriend		여자친구
832	floor		바닥
833	whether		~든 아니든
834	earth		지구, 땅
835	private		사적인
836	Jessica		(여자 이름)
837	box		상자
838	Dawson		(사람의 성)
839	judge		판사
840	upstairs		윗층
841	Alexis		(이름)
842	sake		목적, 이유
843	Shawn		(남자 이름)
844	station		역
845	worst		가장 나쁜
846	sing		노래하다
847	conversation		대화
848	Ivy		(여자 이름)
849	attack		공격하다
850	plane		비행기
851	comfortable		안락한
852	yesterday		어제
853	lately		최근에
854	lovely		사랑스러운
855	security		보안
856	report		보고서
857	Barbara		(여자 이름)
858	rid		없애다

1004 어휘 선정 7

note	메모
Adam	(남자 이름)
store	가게
Mike	(남자 이름)
single	단일의
wall	벽
Kevin	(남자 이름)
doubt	의심하다
screw	(욕, 성교하다)
major	주된
blue	푸른색인
jump	뛰다
deep	깊은
belong	~에 속하다
Buffy	(여자 이름)
park	공원
Chloe	(여자 이름)
ticket	표
raise	기르다
shh	(조용히)
lord	주인
Erica	(여자 이름)
choose	고르다
join	가입하다
leg	다리
health	건강
fill	채우다
captain	대장
file	서류
manage	관리하다
bathroom	욕실
willing	기꺼히 ~하는
window	창문
return	돌려주다
Brenda	(여자 이름)
difficult	어려운, 힘든
soul	영혼
joke	농담
service	서비스

magic	마법
favorite	가장 좋아하는
uncle	삼촌
public	공공의
island	섬
Jim	(남자 이름)
cell	칸
advice	충고
somehow	어쨌든
Blair	(이름)
cross	건너다, 십자가
boss	상관
Laura	(여자 이름)
issue	사안
grandmother	할머니
hire	고용하다
innocent	죄 없는
Elizabeth	(여자 이름)
Sabrina	(여자 이름)
summer	여름
ex	전남편, 전부인
thirty	30인
risk	위험한
officer	경찰관
ridiculous	말도 안되는
support	돕다
afternoon	오후
Eric	(남자 이름)
born	태어나다
apologize	사과하다
finger	손가락
seat	좌석, 앉히다
freak	(괴짜)
nervous	불안한
across	~을 건너서
song	노래하다
Olivia	(여자 이름)
Cassie	(이름)
boat	보트

순번	단어	노출빈도	의미
	brain		뇌
	detective		형사
	pack		짐, 짐을싸다
	Aaron		(남자 이름)
	Kendall		(남자 이름)
	general		일반적인
	nine		9인
	huge		거대한
	breakfast		아침식사
	horrible		끔찍한
	age		나이
	awful		끔찍한
	pleasure		기쁨
	quit		그만두다
	system		체제
	apparently		분명히
	train		훈련시키다
	congratulations		축하
	Josh		(남자 이름)
	chief		최고지위자
	faith		신념
	gay		게이
	Simon		(남자 이름)
	ho or Ho		(비아냥)
	visit		방문하다
	Hal		(남자 이름)
	aw		(저런)
	Edmund		(남자 이름)
	Brady		(남자 이름)
	guest		손님
	double		두배의
	Troy		(남자 이름)
	sad		슬픈
	forward		앞으로
	fool		멍청한
	Mary		(여자 이름)
	spell		철자, 마법
	Courtney		(이름)
	Mark		(남자 이름)

순번	단어	노출빈도	의미
	Alan		(남자 이름)
	tie		매듭짓다
	Paris		파리
	Joe		(남자 이름)
	slow		느린
	Tim		(남자 이름)
	board		이사회
	hungry		배고픈
	position		위치
	connection		연결
	kitchen		주방
	ma'am		(여성) 씨
	during		~동안
	experience		경험
	space		공간, 우주
	settle		합의하다
	others		다른 사람들
	grab		잡다
	Sharon		여자 이름
	discuss		논의하다
	third		세번째인
	cat		고양이
	fifty		오십인
	Miles		(남자 이름)
	fat		뚱뚱한
	idiot		(멍청이)
	yep		(응)
	rock		바위
	rich		부자인

영어발음 1

<2시간에 끝내는 한글영어 발음천사>를 먼저 보시고
필요하시면 <1시간에 끝내는 영어발음>을 보시는 것을 추천합니다.

j,g, dge 한글의 쮜. 입 모양을 위를 말할 때처럼 하고 ㅉ을 소리 낸다.
다른 자음처럼 뒤에 모음이 없을 때는 울리지 않는다.

소리 나는 위치

울림 여부 X

jacket	dʒǽkit	재킷
juice	dʒúːs	주스
enjoy	indʒɔ́i	즐기다
imagine	imǽdʒin	상상하다
judge	dʒʌ́dʒ	판사
edge	édʒ	모서리

sh, ti,ci 한글의 쉬. 입 모양은 위를 하고 ㅅ소리를 낸다.
다른 자음처럼 뒤에 모음이 없을 때는 울리지 않는다.

소리 나는 위치

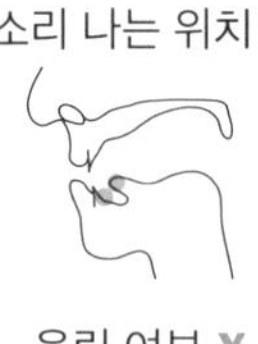

울림 여부 X

she	ʃíː	그녀
shop	ʃάp	가게
shame	ʃéim	부끄러움
station	stéiʃən	위치, 역
fish	fíʃ	물고기
english	íŋgliʃ	영어

ch,tu, tch 한글의 취와 비슷하다. 입 모양은 위를 하고 ㅊ소리를 낸다.
다른 자음처럼 뒤에 모음이 없을 때는 울리지 않는다.

소리 나는 위치

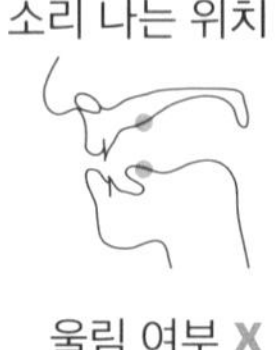

울림 여부 X

child	tʃáild	어린이
chance	tʃǽns	기회
nature	néitʃər	자연
future	fjúːtʃər	미래
each	íːtʃ	각각의
watch	wάtʃ	지켜보다

A-Z에 없는 자음

발췌: 1시간에 끝내는 영어발음(p.50~p.55 일부)

th 혀를 윗니와 아랫니 사이에 놓고 이빨과 혀 사이에 힘을 빼고 드로 발음한다.

소리 나는 위치

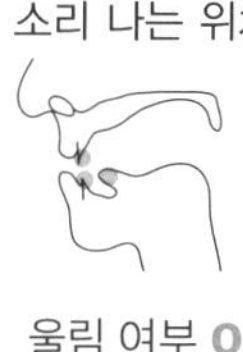

울림 여부 O

there	ðέər	거기에
than	ðǽn	~보다
that	ðǽt	저(것)
the	ðə, ði	그
they	ðéi	그들이
other	ʌ́ðər	그 밖의

th 혀를 윗니와 아랫니 사이에 놓고 이빨과 혀 사이에 힘을 주고 뜨과 쓰의 중간 정도로 발음한다.

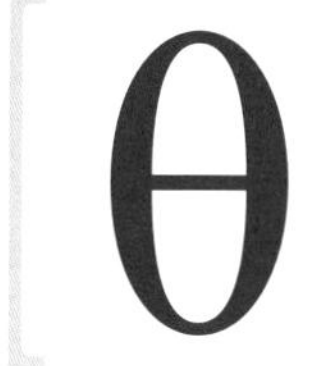

소리 나는 위치

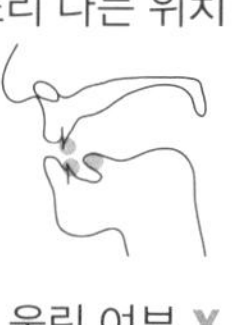

울림 여부 X

throw	θróu	던지다
thrill	θríl	전율
thing	θíŋ	(어떤)것
health	hélθ	건강
birth	bə́:rθ	탄생
mouth	máuθ	입

n, ng 한글에서 ㅇ이 받침으로 쓰일 때와 비슷하다.

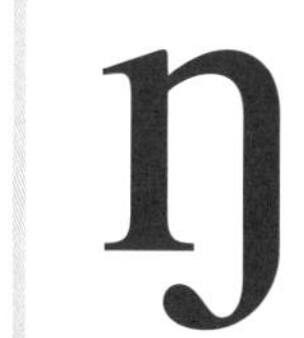

소리 나는 위치

울림 여부 O

bank	bǽŋk	은행
strength	stréŋkθ	힘
angry	ǽŋgri	화난
monkey	mʌ́ŋki	원숭이
sing	síŋ	노래하다
ring	ríŋ	고리, 반지

영어발음 2

<2시간에 끝내는 한글영어 발음천사>를 먼저 보시고
필요하시면 <1시간에 끝내는 영어발음>을 보시는 것을 추천합니다.

머리말 Q > 머리말 A > 무료 강의 > 책 사용법 > 10 미드 선정 > 1004 어휘 선정 > **영어발음** > 차례

e 한글의 에와 비슷하다. [e]보다 입을 약간 더 벌리고 힘을 빼고 소리 내지만 거의 같다. [e]와 구별 안 하기도 한다. 여기서는 [ɛər]만 보자.

[ɛ]

소리 나는 위치
입 바깥쪽

입의 크기
보통

air	ɛ́ər	공기
care	kɛ́ər	걱정(하다)
stair	stɛ́ər	계단
fair	fɛ́ər	공정한
share	ʃɛ́ər	몫, 분배하다
their	ðɛ́ər	그들의

a 아를 발음할 때처럼 크게 벌리고 아래턱을 내린 뒤 발음한다.
한글의 애보다 혀가 평평하다.

소리 나는 위치
입 바깥쪽

입의 크기

apple	ǽpl	사과
bad	bǽd	나쁜
habit	hǽbit	습관
map	mǽp	지도
sad	sǽd	슬픈
plan	plǽn	계획

ee,ea, ei,ie 입을 좌우로 많이 당겨준 뒤 이를 조금 길게 발음한다.

소리 나는 위치
입 바깥쪽

입의 크기

easy	í:zi	쉬운
lead	lí:d	이끌다
feel	fí:l	느끼다
sheep	ʃí:p	양
piece	pí:s	조각
free	frí:	자유로운

A-Z에 없는 모음

발췌: 1시간에 끝내는 영어발음(p.58~p.65 일부)

a,e, o,u 입을 별로 안 벌린 상태에서 힘을 빼고 어를 소리 낸다.
대부분의 모음이 약하게 발음될 때 이 소리가 난다.

소리 나는 위치
입 안쪽

입의 크기
보통

alive	[əláiv]	살아있는
ability	[əbíləti]	능력
enemy	[énəmi]	적
national	[nǽʃənl]	국가의, 국민의
carrot	[kǽrət]	당근
union	[júːnjən]	결합

o,u, ou 한글의 어와 비슷하다. (같다고 봐도 무방하다.)
[ə]보다 힘이 들어간다.

소리 나는 위치
입 안쪽

입의 크기

other	[ʌ́ðər]	그 밖의
cover	[kʌ́vər]	덮다, 덮개
but	[bʌ́t]	그러나
fun	[fʌ́n]	재미있는
trouble	[trʌ́bl]	곤란, 불편
cousin	[kʌ́zn]	사촌

a,o, aw 입을 많이 벌린 상태에서 힘을 주고 어를 소리 낸다.

소리 나는 위치
입 안쪽

입의 크기

office	[ɔ́ːfis]	사무실
already	[ɔːlrédi]	이미
fog	[fɔ́ːg]	안개
fall	[fɔ́ːl]	떨어지다
walk	[wɔ́ːk]	걷다
law	[lɔ́ː]	법

차례

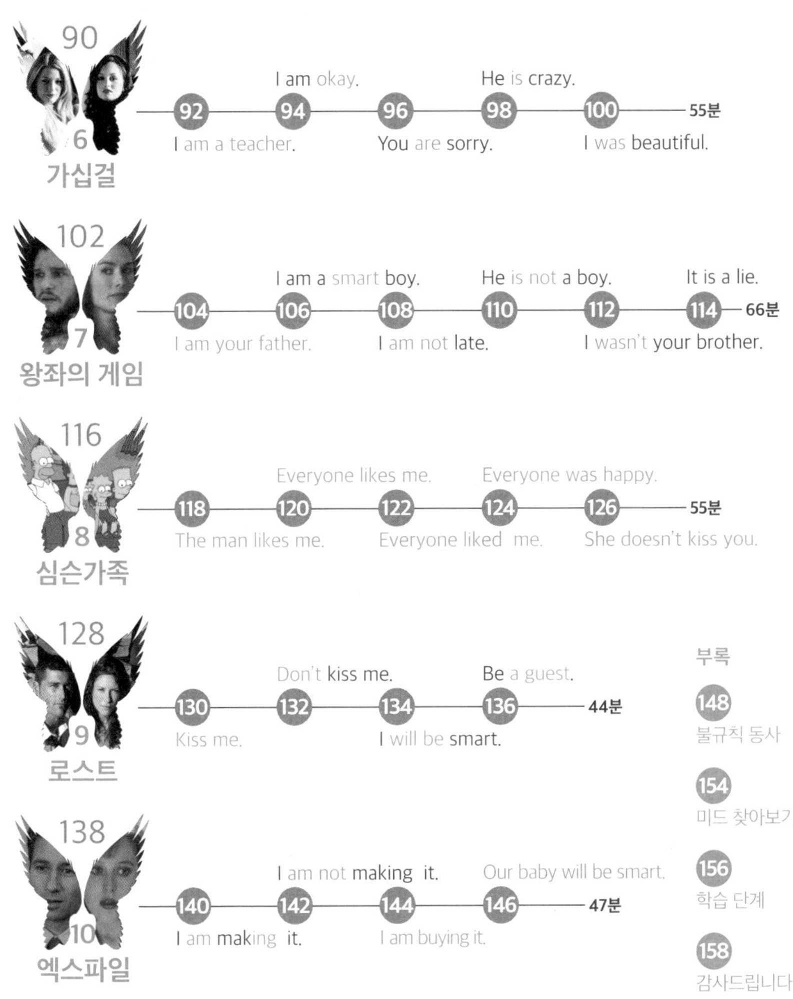

90
6
가십걸
92 I am a teacher.
94 I am okay.
96 You are sorry.
98 He is crazy.
100 I was beautiful.
55분
102
7
왕좌의 게임
104 I am your father.
106 I am a smart boy.
108 I am not late.
110 He is not a boy.
112 I wasn't your brother.
114 It is a lie.
66분
116
8
심슨가족
118 The man likes me.
120 Everyone likes me.
122 Everyone liked me.
124 Everyone was happy.
126 She doesn't kiss you.
55분
128
9
로스트
130 Kiss me.
132 Don't kiss me.
134 I will be smart.
136 Be a guest.
44분
138
10
엑스파일
140 I am making it.
142 I am not making it.
144 I am buying it.
146 Our baby will be smart.
47분
부록
148 불규칙 동사
154 미드 찾아보기
156 학습 단계
158 감사드립니다

1
55분

모던패밀리

개성 강한 구성원들이 모인 3가족.
20분간 각 가족의 이야기가 따로, 혹은 함께 일어나는 3가지 사건과 반전.

클레어
본인
마음먹으면 끝까지 해내는 억척스러운 주부. 사소한 일에 목숨 걸어서 주변 피곤하게 만듦.

필
남편
부동산업자. 친구 같은 아빠를 꿈꾼다. 착하지만 덜 떨어짐. 황당한 생각을 현실에 옮기는 4차원. 존재감 가장 높음.

헤일리
백치미 첫째

알렉스
공부벌레 둘째

루크
이상한 막내

가족 1

미첼
게이 동생

캠
게이 올케? 느끼할 정도로 여성스러움. 고집과 아집의 아이콘.

가족 3

제이
마초 아빠

글로리아
다혈질 새엄마

매니
애어른

조
배다른 늦둥이

가족 2

릴리
입양아

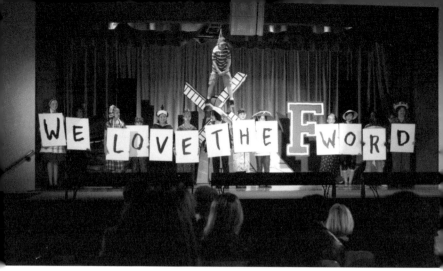

장르	6시즌 (144편)	추천 에피소드	추천 미드	난이도
드라마, 코미디	2009~	6-16, 5-18, 2-13, 6-24	오피스	★★★★

프린스턴 학교의 음악 교사가 아파서, 캠은 운 좋게 임시로 아이들의 뮤지컬 감독이 됩니다. 음악에 욕심이 많은 캠은 다음날이 공연인데도, 공연 내용을 '세계의 음악여행'이라는 주제로 바꿔버립니다. 공연의 하이라이트는 마지막에 'We love the F(Franklin: 학교 이름) world'라고 멋지게 마무리하는 것입니다. 아이들은 그동안 연습했던 걸 버리고 급하게 해야 해서 싫었지만, 억지로 캠의 말을 따릅니다.

부동산 업자인 필은 판매 촉진을 위해 묘안을 냅니다. 바로 자신과 가족을 알려서 집을 판매하려 합니다. 그래서 온 가족의 사진을 차에 선팅하지만, 가족이 따로따로 찍은 사진이라 차의 왼쪽에는 아내만, 오른쪽에는 첫째 딸만, 뒤에는 자신과 자녀 2명이 있습니다. 그리고 아내만 나온 사진 위에는 '저는 만족할 수 없습니다. 전화주세요.'라고 쓰여있게 됩니다. 부동산 광고라는 내용은 전혀 알 수 없기에 전화에는 불이 납니다. 아내와 딸은 그것도 모르고 그 차를 탄 채, 공연장으로 향합니다.

미흡한 공연 준비 때문에 공연 중 루크(막내 아들)는 와이어에 매달린 채로 내려오지 못하고, 세트장도 무너집니다. 아이들은 공연을 중간에 그만두자고 하지만, 캠은 마지막의 멋진 엔딩만을 믿고 끝까지 진행하는데, 마지막에 아이들이 피켓을 들자 L(철사에 매달린 루크 담당)이 사라진 'the F word(영어의 욕)'를 보여주며 제대로 망칩니다.

누가 한다 무엇을
내가 사랑한다 너를

대부분의 영어문장(80% 이상)은 '누가-한다-무엇을'의 구조이다.
여기서는 'I love you'에서 I와 you 부분만 바꿔가며 연습한다.

1 우리는 너를 사랑한다.
모던패밀리 1-19 필 **Hint** we

______ love ______

장면 생일 선물로 기대했던 아이패드를 받게 되자, 이것은 스티브 잡스가 신과 함께 나타나서 '너를 사랑한다'고 말하는 것 같다며.

2 당신은 나를 사랑한다.
모던패밀리 1-7 캠 **Hint** me

______ love ______

장면 싸움이 났을 때, 미첼이 캠에게 노란색 티셔츠가 보기 싫다고 말하자, 캠은 전에 노란색 티셔츠 입었을 때의 나(캠)한테 사랑한다고 하지 않았느냐고 따집니다.

3 그들은 나를 사랑한다.
모던패밀리 4-23 글로리아 **Hint** they

______ ______ ______

장면 가족들(캠과 미첼)이 자신들을 빼고 논 것 같은 증거가 보이자. 나중에 매니한테 초대장이 발견됩니다.

4 나는 우리들을 사랑한다.
모던패밀리 2-12 필 **Hint** us

______ ______ ______

장면 남편(필)이 극장에 트윅스(초코바)를 숨겨왔다고 하니, 아내(클레어)가 가방에 와인을 숨겨왔다고 하자.

익힐 단어

love [lʌv]	사랑한다
I [ai]	내가
me [mi]	나를
you [ju]	너는, 너를
we [wi]	우리는
us [əs]	우리를

익힐 단어

they [ðei]	그들은

참고 **4시간에 끝내는 영화영작:기본패턴 1단원**

5 나는 너를 사랑한다. I love you.

6 너는 나를 사랑한다. You love me.

7 나는 우리를 사랑한다. I love us.

8 그들은 나를 사랑한다. They love me.

9 우리는 너를 사랑한다. We love you.

10 그들은 우리를 사랑한다. They love us.

11 그들은 너를 사랑한다. They love you.

정답 1 We love you.
2 You love me.
3 They love me.
4 I love us.

반복 횟수 1회 ☐ 2회 ☐ 3회 ☐ 4회 ☐

‘누가(I)-한다(know)-무엇을(you)’ 구조에서 ‘한다(know)’도 바꿔서 연습한다.

12 나는 너를 좋아한다.
모던패밀리 1-3 제이

장면 제이(장인어른)가 일부러 무인 비행기로 맞춰서 크게 다친 필에게 장인어른이 필에게 억지로 건넨 말.

13 너는 나를 움직인(감동시킨)다.
글리 2-16 블레인 **Hint** move

장면 커트(남자)가 오랫동안 흠모했던 블레인(남자)에게 사랑을 고백받는 말.

14 너는 나를 안다.
모던패밀리 2-17 필 **Hint** know

장면 필이 말을 마치지도 않았는데 클레어가 알아맞히자.

15 너는 그것을 자른다.
모던패밀리 3-17 필 **Hint** cut

장면 아들에게 가짜 피를 주며, 엄마와 누나들에게 손가락을 베었다고 속이고 나오라며.

익힌 단어

I [ai]	내가
you [ju]	너는, 너를
me [mi]	나를
love [lʌv]	사랑한다

익힐 단어

know [nou]	알다
like [laik]	좋아하다
move [muːv]	움직이다, 감동시키다
cut [kʌt]	자르다
have [hǽv]	가지다
it [it]	그것은, 그것을

참고 4시간에 끝내는 영화영작:기본패턴 1단원

16 나는 너를 좋아한다. I like you.

17 나는 그것을 가진다. I have it.

18 너는 그것을 자른다. You cut it.

19 나는 너를 안다. I know you.

20 나는 너를 움직인다. I move you.

21 너는 그것을 좋아한다. You like it.

22 너는 나를 안다. You know me.

정답 1 I like you.
2 You move me.
3 You know me.
4 You cut it.

반복 횟수 1회 □ 2회 □ 3회 □ 4회 □

누가 한다 무엇을

내가 좋아한다 한 소녀를

'무엇을'이 한 개인 경우 '무엇을' 앞에 a를 붙이고(a girl),
여러 개인 경우 '무엇을' 뒤에 s를 붙인다(girls).
이 책에서는 '한'이 나오면 a, '들'이 나오면 s를 붙인다.

23 나는 한 남자를 안다.

모던패밀리 4-14 딜런 **Hint** man

장면 딜런에게 아기를 잘 본다고 하자, 자신이 알고 있는 다른 사람이 아기는 더 잘 본다며.

24 나는 이야기들을 좋아한다.

심슨가족 4-6 호머 심슨 **Hint** story

장면 바트가 호머(아빠)에게 이야기의 요점이 뭐냐고 묻자.
문법 y로 끝나는 경우는 y를 i로 고치고 es를 붙여야 한다.

25 너는 한 좋은 마음을 가진다.

왕좌의 게임 5-9 알리세르 **Hint** mind

good

장면 그리고 그것은 우리 모두를 죽게 만들 거야. 존 스노우가 적이었던 야인들을 같은 편으로 만들 때. 그 결과로 존 스노우는 여러 번 칼에 찔립니다. 다음 시즌에 과연 살아있을지?

26 너는 한 머리를 자른다.

모던패밀리 2-5 글로리아 **Hint** head

장면 글로리아가 쥐를 발견했을 때 삽으로 쥐의 머리를 자르며 게이에게 쥐 잡는 방법을 설명.

익힌 단어

cut [kʌt]	자르다
like [laik]	좋아하다
I [ai]	내가
we [wi]	우리가
have [hǽv]	가지다

익힐 단어

girl [gəːrl]	소녀
mind [maind]	마음
head [hed]	머리
story [stɔ́ːri]	이야기

참고 4시간에 끝내는 영화영작:기본패턴 1단원

27 나는 한 소녀를 좋아한다. I like a girl.

28 너는 한 마음을 가진다. You have a mind.

29 나는 이야기들을 좋아한다. I like stories.

30 너는 한 머리를 자른다. You cut a head.

31 너는 그를 안다. You know him.

32 나는 이야기들을 가진다. I have stories.

33 나는 한 남자를 안다. I know a man.

정답
1 I know a man.
2 I like stories.
3 You have a **good** mind. (원문은 You have a good heart.)
4 You cut a head.

반복 횟수 1회 □ 2회 □ 3회 □ 4회 □

누가 한다 무엇을

내가 안다 너의 엄마를

a 대신 my(나의)나 your(너의)를 쓸 수 있다(a mom → your mom).
-s 대신에 쓸 수는 없으므로 같이 써야 한다(your moms).

34 너는 나의 엄마를 안다.

가십걸 1-1 세레나 **Hint** mom

장면 부서졌다고 말했는데, 안 부서져있으면 엄마는 부숴버리잖아.

35 너는 너의 팬을 가진다.

모던패밀리 3-8 알렉스 **Hint** fan

장면 마찬가지로 나는 나의 팬을 가져. 알렉스가 공부벌레 같은 남자애들에게 동생의 헬리콥터를 받아내며 언니에게.

36 나는 나의 머리를 움직인다.

모던패밀리 2-20 루크

장면 움직이는 기계에 맞춰서 움직이면 기계가 멈춰 보일 것이라고 하자. 엄마는 정신병원에 데리고 가려 합니다.

37 나는 당신의 이야기를 사랑한다.

모던패밀리 2-15 헤일리

장면 할머니가 엄마를 흉보는 이야기를 하자. 엄마한테 비슷한 일로 혼났던 걸 따지기 위해.

익힌 단어		익힐 단어	
know [nou]	알다	**my** [mai]	나의
like [laik]	좋아하다	**your** [júər]	너의
love [lʌv]	사랑하다	**mom** [mam]	엄마
have [hǽv]	가지다	**fan** [fæn]	(영화, 연예인 등의) 팬
move [muːv]	움직이다, 감동시키다		

참고 4시간에 끝내는 영화영작:기본패턴 1단원

38 너는 나의 엄마를 안다 — You know my mom.

39 나는 너의 엄마를 안다. — I know your mom.

40 너는 너의 팬을 가진다. — You have your fan.

41 나는 너의 이야기들을 사랑한다. — I love your stories.

42 나는 나의 머리를 움직인다. — I move my head.

43 나는 나의 엄마를 사랑한다. — I love my mom.

44 나는 나의 팬들을 가진다. — I have my fans.

정답 1 You know my mom.
2 You have your fan.
3 I move my head.
4 I love your story.

반복 횟수 1회 □ 2회 □ 3회 □ 4회 □

I know the girl.

누가 내가 / 한다 안다 / 무엇을 그 소녀를

서로 알고 있는 것을 말할 때는 the를 쓴다.
이 책에서는 '그'가 나오면 the를 쓴다. 참고로 '한'이 나오면 a를 쓴다(p.42).

45 나는 그 단어를 생각한다.
모던패밀리 2-19 알렉스 **Hint** word

장면 필이 아내와 싸우는 중에 아내에게 연락한 남자 이름을 생각해내려하자, 알렉스가 끼어듭니다. '당신이 생각해내려 하는 이름이 존(John)이라고.

46 나는 그 목소리를 안다.
모던패밀리 6-10 캠 **Hint** voice

장면 헤일리가 이상한 목소리로 좋아하는 척 했던 거라며.

47 나는 그 대피훈련을 안다.
모던패밀리 2-1 미첼 **Hint** drill

장면 장난감 집안에 하루종일 갇힌 미첼을 캠이 꺼내면서 떨어져 있으라고 하자.

48 우리는 그 욕(F-word)을 사랑한다.
모던패밀리 2-19 프랭클린 초등학교 학생들 **Hint** F-word

장면 캠이 망친 공연의 마지막 장면에서(p.37).

익힌 단어	
girl [gəːrl]	소녀
know [nou]	알다
they [ðei]	그들은
man [mæn]	남자

익힐 단어	
think [θiŋk]	생각하다
word [wəːrd]	단어
voice [vɔis]	목소리
drill [dril]	(대피)훈련
F-word [ef wəːrd]	욕(fuck)

참고 4시간에 끝내는 영화영작:기본패턴 1단원

49 나는 그 소녀를 안다. — I know the girl.

50 나는 그 단어를 생각한다. — I think the word.

51 나는 그 목소리를 안다. — I know the voice.

52 나는 그 대피훈련을 안다. — I know the drill.

53 그들은 단어들을 사랑한다. — They love words.

54 우리는 그 욕을 사랑한다. — We love the F-word.

55 우리는 한 단어를 생각한다. — We think a word.

정답 1 I think the word.
2 I know the voice.
3 I know the drill.
4 We love the F-word.

반복 횟수 1회 ☐ 2회 ☐ 3회 ☐ 4회 ☐

빅뱅이론

2 44분

사랑보다 게임이 더 좋은 천재 오타쿠 과학자 4명과 여자친구들의 오덕스러운 이야기. 자신의 흑역사가 놀림감으로 돌변하는 남자들의 세계.

쉘든
천재 물리학자

16살에 박사학위를 딴 천재. 항상 같은 자리에 앉아야 하고, 먹는 음식과 일정이 정해져 있음. 강박증, 결벽증으로 주변 사람 피곤하게 함. 양자역학 연구 중.

페니
날라리 미녀

자칭 채식주의자지만 생선과 스테이크는 먹음. 미모를 활용해 남성들을 이용함. '치즈케익팩토리'에서 최저임금을 받고 알바 중. 레너드와 애매한 관계.

레너드
그나마 평범

물리학 박사. 페니를 좋아함. 쉘든과 방을 나눠 씀. 소심의 극치. 쉘든이 은근하게 괴롭힘. 유당 분해 못함. 라지의 동생과 은밀한 관계.

에이미
여자 쉘든

쉘든의 여자친구? 생물학자. 평생 연애는 못 해 봄. 페니를 가장 친한 친구라고 믿음. 실제로 박사학위 소지자.

하워드
능글능글 허세

친구들의 실수를 유튜브에 올리는 게 취미. 돼지고기를 즐겨 먹는 무늬만 유태인. MIT 석사 출신 엔지니어.

라지
인도 천문학자

술 마셔야만 여자와 대화 가능. 가부장적인 부모님이 갑부. 여성성이 짙음. 인도음식을 싫어하는 인도인.

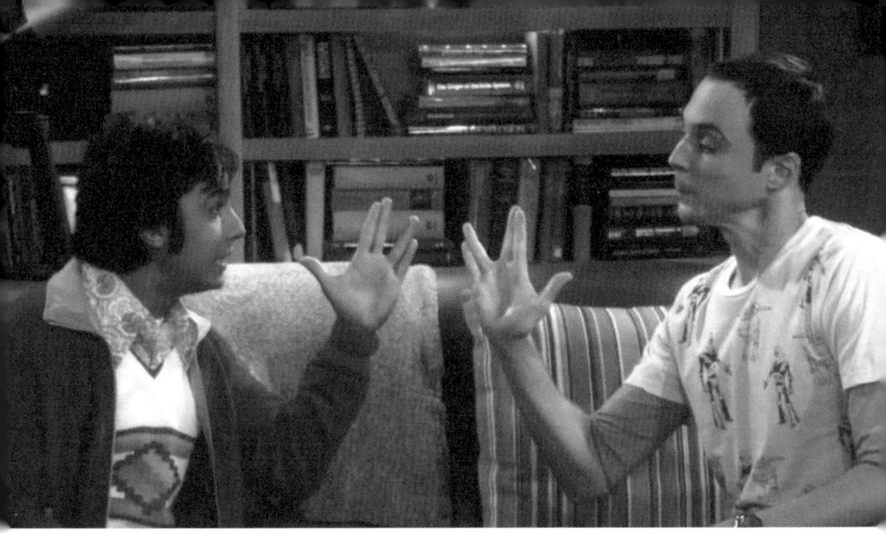

장르	8시즌 (183편)	추천 에피소드	추천 미드	난이도
코미디, SF	2007~	2-11, 3-22, 3-8, 2-15	프렌즈	★★★★★

라지는 '스타트렉'의 우주기지 딥 스페이스9이 낫다고, 쉘든은 영화 '새턴3'의 속의 우주기지가 낫다고 언쟁이 붙습니다. 라지는 공평하게 가위바위보로 정하자고 하지만, 쉘든은 아는 사람끼리 가위바위보를 하면 비길 확률이 75%가 넘는다며 새로운 가위바위보를 제안합니다. 그것은 '가위바위보 도마뱀 스팍(스타트랙 캐릭터)'인데요. 기존에 추가된 점은, 가위와 바위는 도마뱀을 이기고, 도마뱀은 보자기와 스팍을 이기고, 스팍은 가위와 바위를 이깁니다. 보자기는 스팍을 이깁니다: Scissors cut paper. 그리고 가위바위보를 하는데, 둘다 스팍을 내서 비깁니다.

여자를 꼬시는 것에만 집착하는 하워드는 안대를 하고 나타납니다. 클럽에서 보다 쉽게 눈에 띄고 쉽게 각인시킬 수 있다고 생각해서인데요. 막상 클럽에서는 별 효과를 못 보지만, 여자는 꼬셔냅니다. 그 비결은 자신이 대학교에서 관리하는 화성 탐사선을 조종하게 해준다는 것인데, 탐사선을 실수로 도랑에 빠트려 빼낼 수가 없게 됩니다. 이 프로젝트는 정부에서 200억 원 넘게 들여 추진하고 있는 사업이라, 급하게 친구들을 부릅니다. 그러나 친구들도 해결할 수 없어서 데이터를 모두 삭제하고, 지문을 지운 뒤 빠져나옵니다. 그런데 몇일 뒤, 그 덕분에 화성에 생명체가 있을 수 있다는 발견을 했다고 뉴스를 통해 듣지만, 하워드는 자신이 했다는 것을 증명할 방법이 없습니다.

누가 / 한다 / 무엇을

그가 / 좋아한다 / 너를

'누가'에 쓰는 단어가 '나(I)'나 '너(you)'가 아닌 1명(He)이면(=3인칭 단수),
'한다'에 s를 붙인다(likes).

56 그는 그것을 마신다.

모던패밀리 6-3 루크 **Hint** drink

장면 필이 재채기한 와인을 미첼이 마셔서 감기에 걸립니다. 결국 온 가족이 감기에 걸립니다. 가족들은 미첼이 범인이라고 생각합니다.

57 그는 그녀를 좋아한다.

빅뱅이론 2-18 레너드 **Hint** her

장면 여자에게 말을 못하는 라지가 술을 마시고 말을 걸 수 있게 되자, 소개팅에서 술을 마시고 좋아해서 결혼하게 되면, 결혼해서도 대화하기 위해 평생 술 마시고 살아야 하느냐고 합니다.

58 그녀는 그것을 사랑한다.

모던패밀리 1-11 캠

장면 자신이 보고 싶은 영화를 보기 위해 1살 된 아기가 대량학살 장면을 좋아한다면서 같이 봅니다.

59 엄마는 그녀의 저녁식사를 마신다.

글리 2-19 에이프릴 **Hint** dinner

장면 식사를 초대받았는데 식사 대신 술을 내오는 이유를 묻자, 자신을 엄마로 비유하며.

익힌 단어	
like [laik]	좋아한다
they [ðei]	그들은
mom [mam]	엄마

익힐 단어	
he [hi]	그는
she [ʃiː]	그녀는
her [hər]	그녀의, 그녀를
dinner [dínər]	저녁 식사
drink [driŋk]	마시다, 음료수

참고 4시간에 끝내는 영화영작:기본패턴 1단원

60 그는 너를 좋아한다. He likes you.

61 그녀는 그것을 사랑한다. She loves it.

62 그들은 그것을 마신다. They drink it.

63 그는 그것을 마신다. He drinks it.

64 너는 그녀를 좋아한다. You like her.

65 그는 그녀를 좋아한다. He likes her.

66 엄마는 그녀의 저녁식사를 마신다. Mom drinks her dinner.

정답
1 He drinks it.
2 He likes her.
3 She loves it.
4 Mom drinks her dinner.

반복 횟수
1회 □
2회 □
3회 □
4회 □

I love my story.

누가 한다 무엇을
내가 사랑한다 나의 이야기를

앞서 나온 문장들을 '한다(동사)'의 변화 없이 연습한다.
어렵다면 다시 처음부터 2번 정도 반복한 뒤 다음으로 넘어간다.

67 그녀는 당신을 사랑한다.
모던패밀리 2-24 캠 **Hint** loves

장면 릴리를 글로리아에게 맡기기 위해 '릴리가 글로리아를 사랑한다'고 거짓말합니다.

68 나는 나의 새 이야기를 사랑한다.
모던패밀리 5-1 글로리아 **Hint** story

new

장면 과거의 청혼이 예상과 달랐다며, 제이가 멋지게 꾸며서 이야기하자.

69 우리는 그 욕(F-word)를 사랑한다.
모던패밀리 2-19 프랭클린 초등학교 학생들 **Hint** F-word

장면 캠이 망친 공연의 마지막 장면에서(p.37).

70 그녀는 그것을 사랑한다.
모던패밀리 1-11 캠

장면 자신이 보고 싶은 영화를 보기 위해 1살 된 아기가 대량학살 장면을 좋아한다면서 같이 봅니다.

익힌 단어		익힐 단어	
love [lʌv]	사랑한다	**him** [hím]	그를
story [stɔ́:ri]	이야기		
girl [gə:rl]	소녀		
F-word [ef wə:rd]	욕		
my [mai]	나의		

참고 **4시간에 끝내는 영화영작:기본패턴 1단원**

71 나는 나의 이야기를 사랑한다. I love my story.

72 나는 한 소녀를 사랑한다. I love a girl.

73 그녀는 너를 사랑한다. She loves you.

74 그 소녀는 그를 사랑한다. The girl loves him.

75 우리는 그 욕(F-word)를 사랑한다. We love the F-word.

76 그는 너의 이야기를 사랑한다. He loves your story.

77 그녀는 그것을 사랑한다. She loves it.

정답 1 She loves you.
2 I love my **new** story.
3 We love the F-word.
4 She loves it.

반복 횟수 1회 □ 2회 □ 3회 □ 4회 □

He has stories.

누가 그는 / 한다 가진다 / 무엇을 이야기들을

have(가진다)는 '누가'가 3인칭 단수(he, p.50)인 경우,
동사 뒤에 s가 붙는 대신에(haves X) 형태가 has로 변한다.

78 그는 한 여자친구를 가진다.

빅뱅이론 4-5 레너드 **Hint** girlfriend

장면 '하지만 우리는 여자친구가 없지.'라고 이야기하지만, 자신 빼고는 다 여자친구가 있음을 알게 됩니다.

79 그녀는 한 쉘든을 가진다.

빅뱅이론 5-10 페니 **Hint** Sheldon

장면 에이미가 남자친구를 갖고 있다고 하자, 남자친구가 아니라 남자인 친구 쉘든을 갖고 있다고 말합니다. 쉘든(Jim Parson)은 실제로 커밍아웃을 한 게이입니다.
문법 사람이름(Sheldon)은 항상 대문자(여기서는 S)로 시작한다.

80 그것은 '괴짜'를 가진다.

빅뱅이론 3-8 레너드 **Hint** nerd

장면 내 이름 레너드(Leonard)에 '너드(nerd)' 발음이 들어가서 싫어. 안 그래도 괴짠데.

81 우리는 문제들을 가진다.

로스트 1-2 휴고 **Hint** problem

장면 그 문제들은 바로 저 사람(소이어).

익힌 단어		익힐 단어	
story [stɔ́:ri]	이야기	**has** [hǽz]	가진다(have의 3인칭 단수형)
have [hǽv]	가진다	**girlfriend** [gə:rl frend]	여자친구
		nerd [nə:rd]	괴짜
		problem [prάbləm]	문제

참고 **4시간에 끝내는 영화영작:기본패턴 1단원**

82 그는 이야기들을 가진다. He has stories.

83 그는 한 문제를 가진다. He has a problem.

84 그는 한 여자친구를 가진다. He has a girlfriend.

85 그들은 여자친구들을 가진다. They have girlfriends.

86 그녀는 한 쉘든을 가진다. She has a Sheldon.

87 그것은 '괴짜'를 가진다. It has 'nerd'.

88 우리는 문제들을 가진다. We have problems.

정답 1 He has a girlfriend.
2 She has a Sheldon.
3 It has nerd.
4 We have problems.

반복 횟수 1회 ☐ 2회 ☐ 3회 ☐ 4회 ☐

I need advice.

누가	한다	무엇을
나는	필요하다	조언을

앞에서 나온 문장을 토대로 좀 더 난이도가 있는 문장을 연습한다.
advice는 셀 수 없으므로 앞에 a(혹은 an)를 쓸 수 없다. the, my, your 등 다른 것은 쓸 수 있다.

89 가위는 종이를 자른다.

빅뱅이론 2-8 쉘든 **Hint** scissors, paper

장면 더 좋은 우주 기지를 알아내기 위해 새로운 가위바위보를 합니다p.49.
문법 가위는 2개의 날을 가졌으므로 여러개(복수)로 취급한다.
문법 종이는 물질로 보고 보통은 셀 수 없다(앞에 a가 붙지 않는다).

90 나는 나의 새 이야기를 사랑한다.

모던패밀리 5-1 글로리아 **Hint** story

new

장면 과거의 청혼이 예상과 달랐다며, 제이가 멋지게 꾸며서 이야기하자.

91 나는 당신의 조언이 필요해요.

심슨가족 5-9 호머 **Hint** advice

장면 술집에서 모에게 괴상한 이름(조이 조조 주니어: Joey Joe-Joe Junior)을 들어서 고민이라고 하자, 모가 동의하고, 옆자리에서 듣고 있던 조이 조조(조이 조조 주니어의 아버지)가 급하게 술집을 나갑니다.

92 그 눈먼 사람들이 그 눈먼 사람들을 이끈다.

엑스파일 6-8 스컬리 **Hint** the blind, lead

장면 연애에 문외한인 스컬리에게 멀더가 연애에 조언을 구하자. 마태복음 15장 14절을 말합니다.
문법 blind는 형용사인데 the+형용사는 '형용사'하는 사람들(주로 여러 명 취급)을 일컫는다.

익힌 단어	
have [hǽv]	가지다
love [lʌv]	사랑하다
story [stɔ́:ri]	이야기

익힐 단어	
the blind [ðə blaind]	눈 먼 사람들
lead [li:d]	이끌다
need [ni:d]	필요하다
advice [ædváis]	충고
scissors [sízərz]	가위
paper[péipər]	종이

참고 4시간에 끝내는 영화영작:기본패턴 1단원

93 나는 조언이 필요하다. I need advice.

94 가위는 종이를 자른다. Scissors cut paper.

95 나는 너의 조언이 필요하다. I need your advice.

96 그는 그 눈먼 사람들을 이끈다. He leads the blind.

97 그 눈먼 사람들이 그 눈먼 사람들을 이끈다. The blind lead the blind.

98 나는 나의 이야기를 사랑한다. I love my story.

99 그는 그녀의 이야기들을 좋아한다. He likes her stories.

정답
1 Scissors cut paper.
2 I love my new story.
3 I need your advice.
4 The blind lead the blind.

반복 횟수 1회 □ 2회 □ 3회 □ 4회 □

프렌즈

3

33분

10년간 10시즌. 최고의 장수 미드 중 하나. 친구 6명의 우정과 사랑 이야기. 종합 랭킹 1위의 미드. (난이도가 높아 초보분들께는 추천하지 않습니다.)

레이첼
가장 인기 많은

결혼식 날 도망쳐 모니카의 집에 눌러앉음. 카페 웨이트리스 일을 하다가 나중엔 패션바이어가 됨. 우유부단하고 덜렁댐. 존재감 가장 높음.

로스
푼수

공룡연구 박사. 바보 같은 행동을 자주 함. 순수하고 진지한 만남을 꿈꾸지만, (드라마에서) 3번의 이혼 경력이 있음. 고등학생 시절부터 레이첼을 좋아해 옴.

모니카
제멋대로

로스의 여동생. 요리사. 결벽증이 심함. 강한 경쟁심. 나중에 챈들러와 결혼함.

챈들러
그나마 평범

농담을 즐겨하는 조이의 룸메이트. 소심함. 집에서 닭을 키우기도 함.

피비
4차원

불우한 성장배경을 가짐. 채식주의자. 이상한 노래를 자주 부름.

조이
바람둥이

여자들에게 인기 많음. 여자와 음식에 심하게 집착.

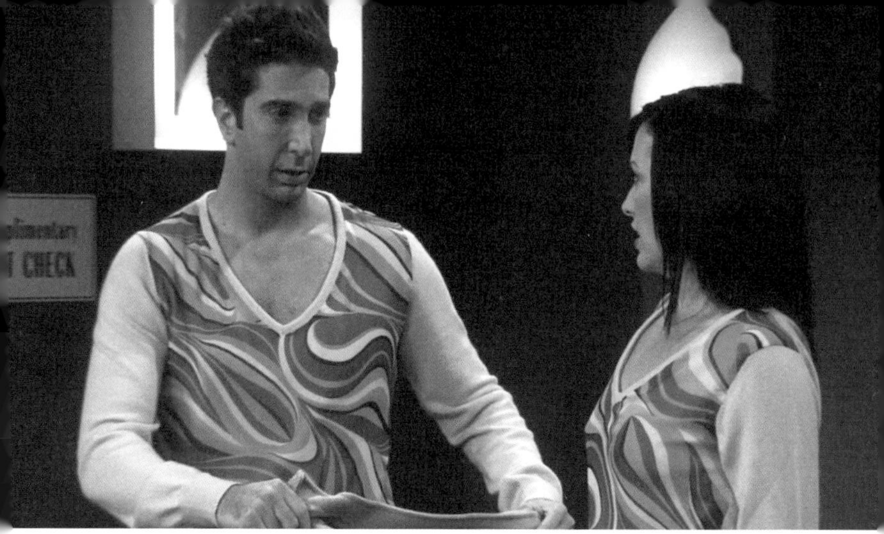

장르	10시즌 (236편, 완결)	추천 에피소드	추천 미드	난이도
드라마, 코미디	1994~2004	10-18, 5-14, 10-17	빅뱅이론	★★★

바람둥이인 조이는 우연히 본 피비의 친구 연락처를 물어봅니다. 전에도 조이에게 몇 번 소개해줬지만, 한번 만나고는 조이가 일방적으로 연락을 끊는 바람에 소개해주지 않으려고 합니다. 조이는 자신이 예전과는 많이 달라졌다며 억지로 연락처를 받아냅니다.

조이는 소개받은 친구와 데이트하고는 이번에도 연락하기 싫다고 합니다. 이유는 그녀가 자신의 감자칩을 뺏어 먹었기 때문이라고 하면서 말합니다: Joey doesn't share food. 피비가 감자칩을 더 시키라고 하자, 조이가 수긍하고 다시 데이트에 나갑니다. 그런데 이번에는 그 여자가 조이의 주메뉴인 대합을 먹으려고 합니다.

로스는 데이트를 위해 푸른 헌팅캡을 준비합니다. 파란 셔츠에 거꾸로 쓴 파란 헌팅캡가 로스와 전혀 안 어울립니다. 레이첼은 그런 모자는 쓰레기통에 버리라며, 패션에 조언이 필요하면 같이 쇼핑하러 가자고 합니다. 막상 옷 가게에서 로스가 옷에 대해 불평하자, 레이첼은 로스 보고 다른 데 있다가 오면 옷을 사놓겠다고 합니다.

그런데 실수로 로스와 레이첼의 쇼핑백이 바뀌게 됩니다. 그리고 로스는 레이첼의 핑크색 스웨터를 입고 당당하게 데이트에 나갑니다(미국에서 핑크색 옷은 게이들만 입습니다). 그리고 로스와 그 여자가 코트를 벗은 순간, 서로 똑같은 옷을 입고 있습니다. 그 여자는 로스를 변태로 생각하고 바로 집으로 돌아가 버립니다.

I don't like you.

누가 / 한다 / 무엇을

내가 **좋아하지** 않는다. **너를**

한다(like) 앞에 don't를 붙이면 '하지 않는다'가 된다.
don't와 like의 하나의 덩어리로 봐야 한다.
don't는 do와 not을 줄여 쓴 것이다('의 의미는 o가 줄었다는 뜻.)

100 나는 벌레들을 좋아하지 않는다.

빅뱅이론 3-2 라지 **Hint** bugs

장면 그럼 여자도 무서워하고 벌레도 무서워하니, 여자 벌레는 가장 무서워하겠군(쉘든).

101 나는 너를 사랑하지 않는다.

가십걸 4-2 블레어

장면 그렇게 말은 해도 끝까지 척과 관계를 이어가고 싶은 블레어.

102 나는 너의 이름을 좋아하지 않는다.

프렌즈 4-18 피비 **Hint** name

장면 로스는 자신이 겪은 안 좋은 일을 이야기하고 있는데, 아기 이름을 고민하다가 말이 헛나옴.

103 너는 **나쁜** 남자아이들을 신뢰하지 않는다.

모던패밀리 5-14 필 **Hint** trust

bad

장면 하지만 그런 아이들 중 하나(나)랑 결혼했잖아. 아들이 안 좋은 남자애와 어울리는 걱정하는 클레어에게.

익힌 단어

like [laik]	좋아하다
love [lʌv]	사랑하다
your [júər]	너의
her [hər]	그녀의, 그녀를

익힐 단어

bug [bʌg]	벌레
name [neim]	이름
boy [bɔi]	소년, 남자아이
don't [dount]	~하지 않는다
trust [trʌst]	신뢰하다

참고 4시간에 끝내는 영화영작:기본패턴 2단원

104 나는 너를 좋아하지 않는다. — I don't like you.

105 나는 벌레들을 좋아하지 않는다. — I don't like bugs.

106 나는 너를 사랑하지 않는다. — I don't love you.

107 너는 그녀의 남자아이를 사랑하지 않는다. — You don't love her boy.

108 나는 그 이름을 좋아하지 않는다. — I don't like the name.

109 나는 너의 이름을 좋아하지 않는다 — I don't like your name.

110 너는 남자아이들을 신뢰하지 않는다. — You don't trust boys.

정답 1 I don't like bugs.
2 I don't love you.
3 I don't like your name.
4 You don't trust bad boys.

반복 횟수 1회 ☐ 2회 ☐ 3회 ☐ 4회 ☐

He doesn't like you.

누가 / 그는 — 좋아하지 (한다) 않는다 — 너를.

'아니라는 말'을 할 때도,
'누가'가 '나'나 '너'가 아닌 한명(3인칭 단수)이면(p.50), do는 does로 바뀐다.

111 그녀는 너를 듣지 못한다.
빅뱅이론 5-4 하워드 **Hint** hear

장면 듣지도 말하지도 못하는 여자가 라지를 꼬시려는 것을 막기 위해 경고하러 가서, 그 여자를 보고 페니가 속삭이자.

112 그는 나를 존중하지 않는다.
모던패밀리 3-1 필 **Hint** respect

장면 제이에게 인정받고 싶어하는 필.

113 그녀는 한 남자친구를 가지지 않는다.
빅뱅이론 5-10 에이미 **Hint** boyfriend

장면 성별을 알기 힘든 외계인 같은 쉘든을 가질 뿐.

114 조이는 음식을 공유하지 않는다.
프렌즈 10-9 조이 **Hint** share, Joey

장면 음식을 뺏어 먹으면 화내는 조이(p.59).

익힌 단어

like [laik] 좋아하다

bug [bʌg] 벌레

have [hǽv] 가지다

익힐 단어

share [ʃɛər] 공유하다

food [fuːd] 음식

respect [rispékt] 존중하다, 존경하다

hear [hiər] 듣다

boyfriend [bɔifrend] 남자 친구

참고 4시간에 끝내는 영화영작:기본패턴 2단원

115 그는 너를 좋아하지 않는다. He doesn't like you.

116 그녀는 한 남자친구를 가지지 않는다. She doesn't have a boyfriend.

117 그녀는 너를 듣지 못한다. She doesn't hear you.

118 그는 나를 존중하지 않는다. He doesn't respect me.

119 그녀는 나의 남자친구를 존중하지 않는다. She doesn't respect my boyfriend.

120 그는 벌레들을 좋아하지 않는다. He doesn't like bugs.

121 조이는 음식을 공유하지 않는다. Joey doesn't share food.

정답 1 She doesn't hear you.
2 He doesn't respect me.
3 She doesn't have a boyfriend.
4 Joey doesn't share food.

반복 횟수 1회 □ 2회 □ 3회 □ 4회 □

I don't like them.

누가 | 한다 | 무엇을.
내가 | 좋아하지 않는다 | 그(것)들을

앞의 문장 구조들이 섞여서 나온다.

122 나는 계획들을 가지지 않는다.
빅뱅이론 7-15 라지 **Hint** plan

장면 밸런타인데이지만 망원경을 예약해놨으니 괜찮아.

123 그는 소음을 만들지 않는다.
프렌즈 4-12 조이 **Hint** noise

장면 시끄러운 닭을 쫓아내러 갔다가 홧김에 오리도 쫓아내라고 합니다. 그 이유는 오리가 닭을 시끄럽게 하게끔 부추겼다고 합니다(레이첼).

124 나는 결정들을 만들지 않는(못한)다.
모던패밀리 3-8 필 **Hint** decision

장면 스트레스 받을 때는 그래요. 한번은 알파카(일종의 낙타)를 사 왔었죠.

125 나는 그것들을 만들지 않는다.
프렌즈 1-12 피비 **Hint** make

장면 내가 건포도 쿠키를 만들면 너무 맛있어서 다른 과자들이 기죽잖아.

익힌 단어

like [laik] 좋아하다
have [hǽv] 가지다
has [hǽz] 가지다

익힐 단어

plan [plæn] 계획
make [meik] 만들다
noise [nɔiz] 소음
decision [disíʒən] 결정
them [ðém] 그들을, 그것들을

참고 4시간에 끝내는 영화영작:기본패턴 2단원

126 나는 그들을 좋아하지 않는다. I don't like them.

127 그녀는 그들을 좋아한다. She likes them.

128 나는 계획들을 가지지 않는다. I don't have plans.

129 그녀는 한 계획이 있다. She has a plan.

130 나는 결정들을 만들지 못한다. I don't make decisions.

131 나는 그것들을 만들지 않는다. I don't make them.

132 그는 소음을 만들지 않는다. He doesn't make noise.

정답 1 I don't have plans.
2 He doesn't make noise.
3 I don't make decisions.
4 I don't make them.

반복 횟수 1회 □ 2회 □ 3회 □ 4회 □

글리

고등학생들의 합창 동아리에서 일어나는 사랑 이야기. 각각의 이야기에 맞는 가사, 새롭게 편곡된 멋진 노래들.

레이첼
랭킹 1위 여자 주인공
특이한 패션에 특이한 행동을 일삼는 왕따. 셀린 디옹급(마치 한국의 이선희 씨)의 시원하게 터지는 고음. 세련된 기교와 충만한 감성. 남자주인공과 현실에서도 사귐.

핀
남자 주인공
럭비팀과 합창팀 양쪽에 활동. 우유부단하고 폭력을 싫어함. 2013년 사망

퀸
핀의 전 여친

커트
랭킹 3위
게이. 예술대학에 한 명쯤 꼭 있는 여자 같은 남자. 섬세하고 정확한 음의 처리.

윌
합창부 선생
멋진 목소리, 춤을 잘 춤. 학생 시절 합창부의 행복한 느낌을 잊지 못해 합창부를 시작. 치어리더 선생(수)과 갈등이 깊음. 엠마와 애매한 관계.

메르세데스
랭킹 2위
소울이 흘러넘치고 리듬감 좋음. 풍부한 성량과 음역대. k팝스타에 나왔으면 누가 봐도 1등감.

아티
교회 오빠 느낌

티나
한국계 배우

수
치어리더 선생

엠마
상담사 선생

테리
윌의 아내

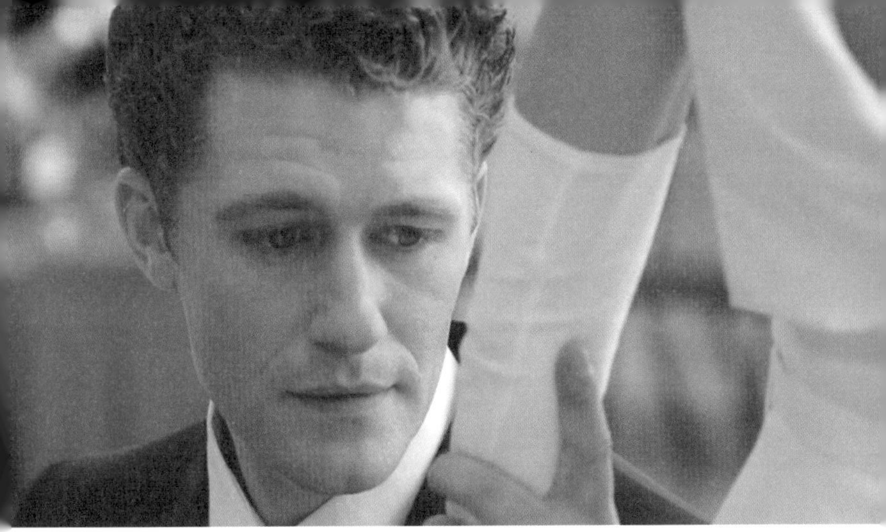

장르	6시즌 (121편, 완결)	추천 에피소드	추천 미드	난이도
뮤지컬, 코미디	2009~2015	5-3, 6-13, 1-22, 6-12	엠파이어	★★★

윌은 합창 동아리 선생님입니다. 학교에서 외면당하는 개성 짙은 아이들을 모아서 합창부를 힘들게 운영하고 있습니다. 그런데 지역 예선이 얼마 안 남았을 때 실수를 해서 합창부를 그만둡니다. 그래서 엠마 선생님께 합창부를 이끌어 달라고 합니다.

엠마는 윌을 짝사랑해왔습니다. 하지만 윌은 아내가 있어서 가까이 다가가지 못합니다. 대신에 엠마는 자신을 사랑하는 다른 선생님(켄)의 열성에 못 이겨 그 선생님과 사귀게 되고, 끝내는 결혼 날짜까지 잡습니다. 하지만 결혼 날짜가 합창부 아이들의 예선 날짜와 겹쳐서, 켄에게 결혼 시간을 변경해야 한다고 말합니다.

윌의 아내(테리)는 상상임신을 한 것을 모르고 임신했다고 윌에게 이야기했다가, 일이 커져서 나중엔 아기가 태어날 거라고 거짓말합니다. 윌은 가정을 위해 벌이가 적은 학교 선생님 일을 그만두고, 회계사로 전업하려고도 생각합니다. 하지만 윌은 아내가 거짓말한 것을 알게되어 아내와 헤어지고 엠마의 결혼식에 갑니다.

결혼식에 켄은 없었습니다. 엠마가 결혼하는 순간까지도 자신보다 윌을 더 중요하게 생각한다고 여겨서 엠마를 떠났습니다. 윌은 엠마에게 고백합니다: I left my wife. 하지만 엠마는 파혼의 충격에서 마음을 정리하지 못하고, 학교를 떠나려고 합니다. 한편, 합창부는 지역 예선에서 1등을 해서 본선에 가게 됩니다.

누가 / 한다 / 무엇을
내가 **사랑했다** **그를**

'한다' 뒤에 ed를 붙이면 '했다'를 의미한다(kill죽이다→killed죽였다).
e로 끝나는 단어(love)는 d만(loved) 붙인다(발음이 달라지지 않기 위해).
주어가 3인칭 단수여도 s는 붙이지 않고, ed만 붙인다.

133 그는 나를 사랑했다.
글리 5-3 레이첼

누가 ____ 한다 ____ 무엇을 ____

장면 핀이 죽고 난 뒤.

134 우리는 그 세상을 구했다.
로스트 2-3 데스몬드 **Hint** world

누가 ____ 한다 ____ 무엇을 ____ 무엇을 ____

장면 108분마다 눌러야 하는 버튼을 누르고 나서(p.129).

135 그는 내 남동생을 죽였다.
로스트 1-21 섀논 **Hint** brother

누가 ____ 한다 ____ 무엇을 ____ 무엇을 ____

장면 사이드가 도와줄 일이 없냐고 묻자, 존로크가 자신의 동생을 죽였다며.

136 나는 너의 아들을 믿었다.
글리 2-18 데이브의 아빠 **Hint** believe

____ ____ ____ ____

장면 자신의 아들이 동성애자는 죽여야 된다고 한 말은 뭘 모르고 한 것이라며 책임을 상대방에게 돌립니다.

익힌 단어		익힐 단어	
love [lʌv]	사랑하다	**world** [wəːrld]	세상
my [mai]	나의	**brother** [brʌðər]	남동생, 오빠
your [júər]	너의	**kill** [kil]	죽이다
		save [seiv]	구하다
		believe [bilíːv]	믿다
		son [sʌn]	아들

참고 4시간에 끝내는 영화영작:기본패턴 1단원

137 나는 그를 사랑했다. I loved him.

138 그는 나를 사랑했다. He loved me.

139 그들은 우리를 사랑했다. They loved us.

140 우리는 그 세상을 구했다. We saved the world.

141 그들은 그를 죽였다. They killed him.

142 그는 내 남동생을 죽였다. He killed my brother.

143 나는 너의 아들을 믿었다. I believed your son.

정답 1 He loved me.
2 We saved the world.
3 He killed my brother.
4 I believed your son.

반복 횟수 1회 □ 2회 □ 3회 □ 4회 □

누가 한다 무엇을
내가 가졌다 **한 책을**

많이 사용되는 대부분의 동사들은 과거를 말하기 위해 뒤에 ed가 붙지 않고, 다른 형태로 변한다(p.148).

144 나는 그녀를 알았다.
글리 4-9 티나

장면 그리고 그녀랑 친구였어. 그런데 그녀(레이첼)는 너보다 훨씬 잘해.

145 당신은 한 여자친구를 가졌었군요.
모던패밀리 1-17 루크 **Hint** girlfriend

장면 아직 어려서 아빠가 다른 여자와 사귀었다는 것을 받아들이지 못합니다.

146 그녀는 그 책을 샀다.
빅뱅이론 8-9 라지 **Hint** bought, book

장면 그리고 엄마는 그 책에 불을 붙여 아빠의 벤츠를 태웠지.

147 나는 나의 아내를 떠났다.
글리 1-13 윌 **Hint** left

장면 엠마의 결혼식에서(p.67).

익**힌** 단어

girlfriend [gə:rl frend] 여자친구

her [hər] 그녀의, 그녀를

익**힐** 단어

had [hæd] 가졌다(have의 과거형태)

bought [bɔ:t] 샀다(buy의 과거형태)

knew [nju:] 알았다(know의 과거형태)

left [left] 떠났다(leave의 과거형태)

wife [waif] 아내

book [buk] 책

참고 4시간에 끝내는 영화영작:기본패턴 1단원

148 나는 한 책을 가졌었다. I had a book.

149 너는 한 여자친구를 가졌었다. You had a girlfriend.

150 그들은 여자친구들을 가졌었다. They had girlfriends.

151 그녀는 그 책을 샀다. She bought the book.

152 나는 그녀를 알았다. I knew her.

153 그들은 우리를 알았다. They knew us.

154 나는 나의 아내를 떠났다. I left my wife.

정답 1 I knew her.
2 You had a girlfriend.
3 She bought the book.
4 I left my wife.

반복 횟수 1회 ☐ 2회 ☐ 3회 ☐ 4회 ☐

I took a book.

누가 한다 무엇을
내가 가져갔다 **한 책을**

동사의 과거형태는 대부분 익혀 놔야 하지만(p.148),
어렵다면 전 페이지(p.71)와 이 페이지에 있는 동사만이라도 꼭 익힌다.

155 그는 그들을 가져갔(납치했)다.
로스트 1-11 월트 **Hint** took

누가 ______ 한다 ______ 무엇을 ______

장면 소이어가 내가 왜 그런 이야기를 6살 꼬마한테 들어야 하는데? 라고 묻자 자신은 10살이라고 말합니다.

156 나는 한 질문이 생겼다.
프렌즈 3-8 조이 **Hint** got, question

누가 ______ 한다 ______ 무엇을 ______ 무엇을 ______

장면 호모 사피엔스가 멸종한 이유가 그들이 호모라서야?

157 나는 나의 과자를 가져왔다.
모던패밀리 1-24 필 **Hint** snack

누가 ______ 한다 ______ 무엇을 ______ 무엇을 ______

장면 농구경기장에 몰래 과자를 갖고 왔을 때 글로리아가 바지 주머니에 뭐가 이렇게 많냐고 묻자.

158 너는 그 빵을 잘랐다.
빅뱅이론 7-10 버나뎃 **Hint** bread

______ ______ ______ ______

장면 칼이 더러우니까 열쇠로 잘랐잖아. 그런 사람이 설거지를 할 리가 없지.
문법 1음절 어 중에 t로 끝나는 단어는 과거의 형태가 같다(p.148, 예: cut-cut-cut, put-put-put)

익힌 단어		익힐 단어	
cut [kʌt]	자르다	**question** [kwéstʃən]	질문
my [mai]	나의	**got** [gat]	생겼다(get의 과거)
book [buk]	책	**snack** [snæk]	과자
		brought [brɔːt]	가져왔다(bring의 과거)
		took [tuk]	가져갔다,납치했다(take의 과거)
		bread [bred]	빵

참고 4시간에 끝내는 영화영작:기본패턴 1단원

159 나는 한 책을 가져갔다. I took a book.

160 그는 그들을 납치했다. He took them.

161 나는 한 질문이 생겼다. I got a question.

162 우리는 질문들이 생겼다. We got questions.

163 나는 나의 과자를 가져왔다. I brought my snack.

164 너는 그 빵을 잘랐다. You cut the bread.

165 그녀는 너의 빵을 잘랐다. She cut your bread.

정답 1 He took them.
2 I got a question.
3 I brought my snack.
4 You cut the bread.

반복 횟수 1회 ☐ 2회 ☐ 3회 ☐ 4회 ☐

I didn't like you.

누가 한다 무엇을.

내가 **좋아**하지 않았다 **너를**

'안 했다'를 말하기 위해서는 '한다(like)' 앞에 didn't를 붙여야 한다.

166 나는 그것을 좋아하지 않았다.

로스트 2-11 선

______ ______ ______ ______

장면 당신이 싫어하는 것처럼 명령받는 것은 나도 싫어해요. 그런데 4년간 그렇게 살아왔죠.

167 나는 너를 위해 차(마시는)를 만들지 않았다.

빅뱅이론 3-11 쉘든 **Hint** tea

______ ______ ______ ______ for you.

장면 쉘든이 차를 끓였다고 이야기했는데, 레너드가 차를 원하지 않는다고 하자.
문법 차는 셀 수 없으므로 앞에 a가 붙을 수는 없다.

168 나는 그것을 충돌하지 않았다.

빅뱅이론 8-12 라지 **Hint** crash

______ ______ ______ ______

장면 라지가 멀리서 빈 병을 쓰레기통에 던지는 내기를 하자. 과거에 서 있는 자전거에도 충돌했으니 하지 말라고 하자.

169 나는 그 윗도리(자켓)을 가져가지 않았다.

글리 5-3 퍽 **Hint** jacket

______ ______ ______ ______ ______

장면 평소 손버릇이 안 좋은 퍽이 의심받을 때. 알고보니 선생님이 훔침.

익힌 단어	
make [meik]	만들다
like [laik]	좋아하다
take [teik]	가져가다

익힐 단어	
crash [kræʃ]	충돌하다
tea [tiː]	차(마시는)
jacket [dʒǽkit]	자켓(위에 입는 겉옷)
didn't [dídnt]	~하지 않았다

참고 4시간에 끝내는 영화영작:기본패턴 1단원

170 나는 너를 좋아하지 않았다. — I didn't like you.

171 나는 그것을 좋아하지 않았다. — I didn't like it.

172 나는 차를 만들지 않았다. — I didn't make tea.

173 그녀는 차를 만들지 않았다. — She didn't make tea.

174 나는 그 차를 좋아하지 않았다. — I didn't like the tea.

175 나는 그것을 충돌하지 않았다. — I didn't crash it.

176 나는 그 자켓을 가져가지 않았다. — I didn't take the jacket.

답 1 I didn't like it.
2 I didn't make tea for you.
3 I didn't crash it.
4 I didn't take the jacket.

반복 횟수 1회 □ 2회 □ 3회 □ 4회 □

I brought it.
누가
한다
무엇을
내가
가져왔다
그것을

앞에서 나온 문장이나 조금 다른 문장으로 복습한다.

177 너는 한 문제가 생겼다.

모던패밀리 5-3 매니 **Hint** problem

______ ______ ______ ______

장면 메리포핀스를 욕한 순간 나와 싸우자는 것이다. 엄마가 날 버렸을 때도 그녀는 나와 함께 했으니까.

178 나는 한 남자를 죽였다.

위기의 주부들 1-16 수잔 **Hint** kill

______ ______ ______ ______

장면 마이클이 사람을 죽인 사실을 숨겨온 것에 흥분하며.

179 우리는 꽃들을 갖고 왔다.

글리 2-21 핀 **Hint** flower

______ ______ ______

장면 냉혈한 같던 수(치어리더 선생)의 다운증후군 언니가 죽었을 때 위로의 뜻으로.

180 나는 그것을 좋아하지 않았다.

로스트 2-11 선

______ ______ ______ ______

장면 당신이 싫어하는 것처럼 명령받는 것은 나도 싫어해요. 그런데 4년간 그렇게 살아왔죠.

익힌 단어

problem [prábləm] 문제
kill [kil] 죽이다
man [mæn] 남자
bug [bʌg] 벌레
brought [brɔːt] 가져왔다(bring의 과거)
got [gat] 생겼다(get의 과거)

익힐 단어

flower [fláuər] 꽃

참고 **4시간에 끝내는 영화영작:기본패턴 1단원**

181 나는 그것을 가져왔다. I brought it.

182 우리는 꽃들을 갖고 왔다. We brought flowers.

183 너는 한 문제가 생겼다. You got a problem.

184 나는 그것을 좋아하지 않았다. I didn't like it.

185 그는 그것들을 좋아했다. He liked them.

186 나는 한 남자를 죽였다. I killed a man.

187 그녀는 그들을 죽였다. She killed them.

답 1 You got a problem.
2 I killed a man.
3 We brought flowers.
4 I didn't like it.

반복 횟수 1회 □ 2회 □ 3회 □ 4회 □

5

55분

위기의 주부들

문제 있는 미국 아줌마들의 이야기. 이보다 더 자극적일 수는 없다!

브리
완벽주의자

완벽주의, 결벽증, 고집불통, 가정일에 능통. 동성애자인 아들(다니엘)을 수백 마일 떨어진 곳에 버리고 오고, 바람 핀 남편 렉스는 사망. 이상한 남자가 자꾸 꼬임.

렉스
바람핀 남편

올슨
의문의 새남편

가브리엘
물질 만능주의

잘 나가던 패션모델, 다혈질, 이기주의자. 카를로스와 끊임없이 싸웠다 화해했다를 반복. 정원사와 바람을 피움. 아이를 갖기 싫어서 남편 몰래 피임약을 먹음.

카를로스
갑부

가브리엘과 애증의 관계. 말보다 주먹이 먼저 나가는 다혈질. 바람을 잘 피움. 회삿돈을 횡령.

르넷
가장 평범

네 아이의 당찬 엄마. 광고회사 근무. 남편보다 능력이 좋음. 암투병을 하기도.

탐
평범함

르넷의 남편. 실수로 생긴 딸과 주기적으로 만남. 가정에서 살림 중.

마이크
이웃집 배관공

수잔
아가씨 같음

감성 충만, 우유부단, 미성숙. 별거 중인 전남편. 이 지역 주민 중엔 가난한 편. 마이크를 좋아함.

이디
독신 헤픈녀

장르	**8시즌** (180편, 완결)	**추천 에피소드**	**추천 미드**	**난이도**
드라마	2004~2012	3-7, 4-9, 5-13, 8-23	섹스 앤 더 시티	★★★

카를로스는 아내(가브리엘)가 바람피운 상대를 폭행했다가 감옥에 갇힙니다. 수녀원에서 힘을 써서 형기보다 일찍 감옥에서 나오지만, 감옥에서 나온 카를로스는 새사람이 돼서 평일에도 성당에 나갑니다. 급기야 수녀를 집에 초대해서 대화하는데, 카를로스가 물건을 사는 것은 삶을 낫게 못 한다고 하자 수녀가 동조합니다: Money can't buy happiness. 가브리엘은 그 말이 가난한 사람들이나 하는 거짓말이라며, 돈으로 행복을 살 수 있다고 합니다. 진짜 그렇게 생각한다면 스포츠카를 팔아서 기부하라고 농담하니, 남편이 진짜로 스포츠카를 팔아 기부하려고 합니다. 가브리엘은 어떻게든 말려보지만, 남편과 수녀는 점점 가까워지고 급기야 둘이 아프리카에 가려고 합니다.

르넷은 밤을 새워서 광고를 만들어 가지만 상관은 항상 냉소적으로 비판합니다. 상관에게 따져도 보지만 아래 직원들이 협조하지 않아 본인만 이상한 사람이 됩니다. 그러다 상관이 밤에 부하 직원과 밀애를 즐기는 것을 목격하고, 그것을 빌미로 상관을 협박합니다. 이후 상관은 밀애를 벌인 부하직원을 자르고, 그 부하직원은 르넷을 찾아와 사정을 이야기합니다. 르넷은 회사에 솔직하게 말해서 자신의 권리를 찾으라며 소송을 걸면 회사에서 기겁할 것이라고 합니다. 부하직원은 바로 소송을 걸어서 상관이 잘리게 되고, 르넷은 승진하지만 더 문제가 많은 사장이 직속상관이 됩니다.

I can find you.

누가 한다 무엇을
내가 찾을 수 있다 너를

'할 수 있다'를 표현하려면, '한다(find)' 앞에 can을 붙인다.
'can+한다'를 하나의 덩어리로 봐야 한다.

188 나는 그것을 가져갈(감당할) 수 있다.
위기의 주부들 1-17 앤드루 **Hint** take

누가 ___ 한다 ___ 한다 ___ 무엇을 ___

장면 엄마가 용돈을 안 준다고 하자, 할 테면 해보라고 고문을 해도 감당할 수 있다고 합니다.

189 나는 그 아기를 데려올 수 있다.
위기의 주부들 7-7 르넷 **Hint** bring

누가 ___ 한다 ___ 한다 ___ 무엇을 ___ 무엇을 ___

장면 일해도 된다고 했다가, 아기를 데리고 가서 일하겠다고 하니 돌변합니다.
장면 bring, take, go, come 등의 이동 의미의 동사는 상대방의 입장에서 이야기해야 합니다.

190 그 개는 물을 찾을 수 있다.
로스트 1-5 헐리 **Hint** find

누가 ___ 누가 ___ 한다 ___ 한다 ___ 무엇을 ___

장면 무인도(?)에서 살기 위해 물을 찾아야 하자.

191 당신은 한 케익을 만들 수 있다.
위기의 주부들 2-22 다니엘 **Hint** cake

___ ___ ___ ___ ___

장면 그것까지는 괜찮은데, 생일파티에 이런 호들갑스러운 풍선은 애들이 놀린단 말이야.

익힌 단어	
bring [briŋ]	가져오다, 데려오다
make [meik]	만들다
take [teik]	가져가다

익힐 단어	
can [kǽn]	~할 수 있다(가능성)
find [faind]	찾다
dog [dɔːg]	개
water [wɔ́ːtər]	물
cake [keik]	케이크
baby [béibi]	아기

참고 4시간에 끝내는 영화영작:기본패턴 5단원

192 나는 너를 찾을 수 있다. — I can find you.

193 그 개는 물을 찾을 수 있다. — The dog can find water.

194 너는 한 케익을 만들 수 있다. — You can make a cake.

195 나는 그 아기를 데려올 수 있다. — I can bring the baby.

196 나는 그것을 가져갈 수 있다. — I can take it.

197 너는 그 물을 가져갈 수 있다. — You can take the water.

198 그녀는 그 개를 데려올 수 있다. — She can bring the dog.

정답 1 I can take it.
2 I can bring the baby.
3 The dog can find water.
4 You can make a cake.

반복 횟수 1회 ☐ 2회 ☐ 3회 ☐ 4회 ☐

I can't find the dog.

누가	한다	무엇을
내가	찾을 수 없다	그 개를

'할 수 없다'를 표현하기 위해서는, '한다(find)' 앞에 can't를 붙인다.
can't는 can not을 줄여서 쓴 것이다.

199 우리는 그것을 팔 수 없다.

위기의 주부들 1-8 브리 **Hint** sell

장면 아들이 차로 사람을 받아서 사람이 죽자, 증거가 남기 때문에 차를 팔면 안 된다고 합니다.

200 당신은 자동차를 만들 수 없어요.

위기의 주부들 8-20 엠제이 **Hint** car

장면 엄마는 칠면조 요리도 못 하면서 차를 어떻게 만들어요?

201 나는 나의 아들을 찾을 수 없다.

위기의 주부들 3-9 르넷 **Hint** find, son

장면 잠시 낮잠을 자고 일어났는데 아들이 사라지자, 엉뚱한 사람에게 가서 화내고 따집니다.

202 돈은 행복을 살 수 없다.

위기의 주부들 2-9 수녀 **Hint** happiness

장면 수녀가 돈을 기부하라며(p.79).
문법 happiness의 ness는 명사를 만듭니다.

익힌 단어	
make [meik]	만들다
dog [dɔːg]	개
son [sʌn]	아들

익힐 단어	
happiness [hǽpinis]	행복
money [mʌni]	돈
buy [bai]	사다
sell [sel]	팔다
car [kaːr]	자동차

참고 4시간에 끝내는 영화영작:기본패턴 5단원

203 나는 그 개를 찾을 수 없다. I can't find the dog.

204 나는 나의 아들을 찾을 수 없다. I can't find my son.

205 너는 그 자동차를 만들 수 없다. You can't make the car.

206 우리는 그것을 팔 수 없다. We can't sell it.

207 나는 나의 자동차를 팔 수 없다. I can't sell my car.

208 너는 그 자동차를 살 수 없다. You can't buy the car.

209 돈은 행복을 살 수 없다. Money can't buy happiness.

정답 1 We can't sell it.
2 You can't make a car.
3 I can't find my son.
4 Money can't buy happiness

반복 횟수 1회 □ 2회 □ 3회 □ 4회 □

누가 한다 무엇을
내가 찾을 것이다 너를

'~할 것이다'를 표현하려면, '한다(find)' 앞에 will을 쓴다.
'will+한다'를 하나의 덩어리로 여겨야 한다.

210 그들은 우리를 찾을 것이다.

로스트 1-1 찰리 **Hint** find

장면 그들은 인공위성으로 불시착한 우리를 찾아낼 것이라고 믿었지만...

211 그(쉘든)는 그 음식을 먹을 것이다.

빅뱅이론 2-6 하워드 **Hint** food

장면 태국 음식을 아주 많이 먹고서는 아마 스스로 자가복제하지 않을까?

212 그 진실이 당신을 구해줄 것이다.

엑스파일 4-15 멀더 **Hint** truth

장면 다시 같이 일하기로 한 스컬리에게

213 나는 산타에게 전화할 것이다.

위기의 주부들 1-1 르넷 **Hint** Santa

장면 말썽을 피우면 산타에게 전화해서 크리스마스 선물 주지 말라고 할 거야.

익힌 단어

find [faind]	찾다
save [seiv]	구하다
food [fu:d]	음식

익힐 단어

will [wíl]	~할 것이다(의지)
eat [i:t]	먹다
truth [tru:θ]	진실
call [kɔ:l]	전화하다, 부르다
Santa Claus [sǽntə klɔ̀:z]	산타클로스

참고 4시간에 끝내는 영화영작:기본패턴 5단원

214 나는 너를 찾을 것이다. I will find you.

215 그들은 우리를 찾을 것이다. They will find us.

216 그는 그 음식을 먹을 것이다. He will eat the food.

217 나는 그 진실을 알 것이다. I will know the truth.

218 그 진실이 너를 구해줄 것이다. The truth will save you.

219 나는 그녀의 남자친구에게 전화할 것이다. I will call her boyfriend.

220 나는 산타에게 전화할 것이다. I will call Santa.

정답 1 They will find us.
2 He will eat the food.
3 The truth will save you.
4 I will call Santa.

반복 횟수 1회 □ 2회 □ 3회 □ 4회 □

I won't make a car.

누가 **내가** | 한다 **만들지 않을 것이다** | 무엇을 **한 자동차를**

'하지 않을 것이다'를 표현하려면, '한다(make)' 앞에 won't를 쓴다. won't는 will과 not을 줄여 쓴 것이다.

221 그들은 그것을 만들(해낼) 수 없을 것이다.
위기의 주부들 1-5 르넷 **Hint** make

장면 2,000만원가량 기부금을 내야 학교에 입학할 수 있다고 하자. 남편은 홈스쿨링(집에서 공부하는 것)을 제안하지만, 아내는 아이들이 해낼 수 없을 거라고 합니다.

222 나는 나의 딸을 데려오지 않을 것이다.
위기의 주부들 1-22 수잔 **Hint** daughter

장면 남자친구가 바람피우고 있는지 몰래 쫓아가는데 딸을 데려갔다가 괜히 불편해서.

223 그는 그녀를 건드리지 않을 것이다.
위기의 주부들 1-6 브리 **Hint** touch

장면 남편이 자신에게 소홀히 한다고 느끼자.

224 이것은 너의 삶을 바꾸지 않을 것이다.
위기의 주부들 1-12 브리 **Hint** change, life

장면 총기 사고로 발가락 중지를 잃게 된 조지에게 걷는 덴 별문제 없을 것이라며.

익힌 단어	
make [meik]	만들다
bring [briŋ]	가져오다

익힐 단어	
make it [meik it]	그것을 해내다
daughter [dɔ́:tər]	딸
touch [tʌtʃ]	접촉하다, 건드리다
this [ðis]	이, 이것
change [tʃeindʒ]	바꾸다
life [laif]	삶

참고 4시간에 끝내는 영화영작:기본패턴 5단원

225 나는 한 자동차를 만들지 않을 것이다. I won't make a car.

226 그들은 그것을 해내지 않을 것이다. They won't make it.

227 나는 이것을 데려오지 않을 것이다. I won't bring this.

228 나는 나의 딸을 데려오지 않을 것이다. I won't bring my daughter.

229 그는 그녀를 건드리지 않을 것이다. He won't touch her.

230 이것은 너의 삶을 바꾸지 않을 것이다. This won't change your life.

231 우리는 그녀의 딸을 바꾸지 않을 것이다. We won't change her daughter.

정답 1 They won't make it.
2 I won't bring my daughter.
3 He won't touch her.
4 This won't change your life.

반복 횟수 1회 □ 2회 □ 3회 □ 4회 □

I can take this car.

누가 / 한다 / 무엇을

내가 가져갈 수 있다 이 차를.

앞에서 나온 문장과 응용한 문장을 연습한다.
this는 '이', '이것'을 의미하며, that은 '저', '저것'을 의미한다.

232 나는 그것을 가져갈(감당할) 수 있다.
위기의 주부들 1-17 앤드루 **Hint** take

장면 엄마가 용돈을 안 준다고 하자, 할 테면 해보라고, 고문을 해도 감당할 수 있다고 합니다.

233 나는 나의 아들을 찾을 수 없다.
위기의 주부들 3-9 르넷 **Hint** find

장면 잠시 낮잠을 자고 일어났는데 아들이 사라지자, 엉뚱한 사람에게 가서 화내고 따집니다.

234 나는 그것을 받아들이지 않을 것이다.
글리 3-19 피어스 **Hint** accept

장면 졸업 무도회에서 공룡 테마로 하는 것을 반대하는 친구들에게.

235 한 국가는 두 명의 여왕을 가질 수 없다.
가십걸 1-3 나레이션 **Hint** country, queen

장면 세레나와 블레어는 싸울 운명.

익힌 단어

this [ðis]	이, 이것
have [hǽv]	가지다
son [sʌn]	아들
take [teik]	가져가다
find [faind]	찾다
car [ka:r]	차

익힐 단어

accept [æksépt]	받아들이다
country [kʌntri]	국가
two [tu:]	둘, 두개인
queen [kwi:n]	여왕
that [ðæt]	저, 저것

참고 4시간에 끝내는 영화영작:기본패턴 5단원

236 나는 이것을 감당할 수 있다. I can take this.

237 나는 이 자동차를 가져갈 수 있다. I can take this car.

238 나는 나의 아들을 찾을 수 없다. I can't find my son.

239 나는 그것을 받아들이지 않을 것이다. I won't accept it.

240 나는 저것을 받아들일 것이다. I will accept that.

241 그 여왕은 그 국가를 가질 것이다. The queen will have the country.

242 한 국가는 두명의 여왕을 가질 수 없다. A country can't have two queens.

정답 1 I can take it.
2 I can't find my son.
3 I won't accept it.
4 A country can't have two queens. (원문은 A nation can't have two queens.)

반복 횟수 1회 □ 2회 □ 3회 □ 4회 □

6

55분

가십걸

뉴욕 맨해튼에서 금수저 물고 태어난 상류층 고등학생들의 사랑과 배신, 그 막장 드라마. 시선을 사로잡는 패션, 명품, 그에 어울리는 세련된 음악.

세레나
소문을 몰고 다니는 가십걸

사립 학교 이사장님의 딸. 평범한 듯 비범한 그녀. 매번 블레어에게 당하지만 블레어를 아낌.
착한척하지만 어쩌면 똑같은 위선자.

네이트
삼각 관계?

세레나의 전 남친. 세레나를 못 잊음. 은행장 아버지를 둠. 척과 한 호텔 방을 씀.

척
악당 갑부

아버지가 호텔 체인 사장. 돈 빼면 시체. 모든 여자는 내 것이라 믿는 껄떡남.

댄
평범 주인공

중류층. 반에서 성적은 2등. 우연히(?) 세레나와 엮임. 아버지와 세레나 어머니는 과거 있음.

제니
댄의 여동생

여동생. 패션업 종사. 상류층과 어울리려고 블레어의 유혹에 넘어감.

블레어
악녀

세레나의 베프(best friends). 유명 패션 디자이너의 딸. 악녀 기질이 잘잘. 알고 보면 맨날 김칫국만 마시는 불쌍한 역할. 모든 걸 다 가진 세레나를 질투함. 척과 꾸준히 사랑 게임 중.

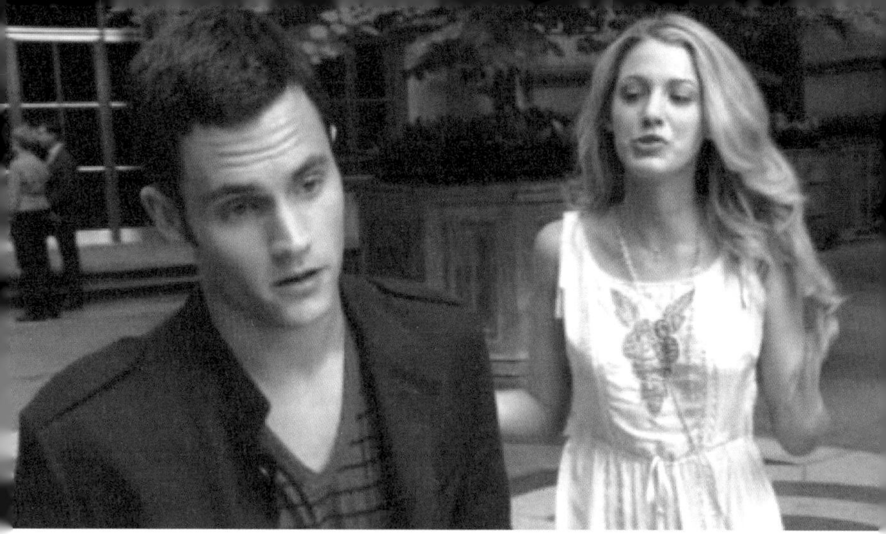

장르	6시즌 (121편, 완결)	추천 에피소드	추천 미드	난이도
드라마	2007~2012	6-10, 2-25, 2-13, 4-2	미스터 셀프리지	★★★★

모두의 입방아에 오르내리는 세레나(가십걸)가 다시 나타납니다. 왜 사라졌는지, 왜 다시 나타났는지 그 이유는 알 수 없습니다. 다만 예전과 달라진 점은, 가장 친했던 친구인 블레어가 세레나를 싫어하고, 블레어는 세레나의 남자친구였던 네이트와 사귀고 있는 점입니다.

중3 때 세레나를 처음 만나 흠모해온 댄은, 호텔에서 떨어진 세레나의 휴대폰을 돌려주며 데이트를 신청합니다. 데이트 도중 자신의 여동생으로부터 위험하다는 연락을 받습니다. 연락받고 도착한 파티에서 척이 여동생(제니)을 괴롭히고 있었습니다. 그 모습을 본 댄은 척에게 주먹을 날립니다.

다음 날 아침 세레나와 데이트하러 온 댄은, 세레나 어머니의 강요로 척의 호텔에서 하는 상류층들의 브런치 파티에 갑니다. 그런데 파티에 있는 블레어와 척이 세레나의 과거를 폭로하고 댄의 여동생을 비하하자. 참다못한 댄은 척을 넘어뜨리고 호텔 밖으로 나옵니다. 따라나온 세레나는 상류층의 세계에 대해 말합니다: This world is crazy. 그리고 댄은 세레나도 그 세상의 일부라며 다시는 안 만날 것처럼 헤어집니다.

그런데 다음날 다시 학교에서 아무 일도 없는 듯이 세레나를 만납니다. 이런식으로 대부분의 인물들이 사귀는 듯 안 사귀는 듯 모호한 태도를 보입니다.

I am a teacher.

누가 상태모습이다 어떤
내가 상태모습이다 한 선생님인

영어에서 두 번째로 많이 쓰이는 구조. 상태나 모습에 관련된 말을 하고 싶을 때 쓰며, '누가(I)-상태모습이다(am)-어떤(a teacher)'의 구조를 가진다.
주로 I am[아이 앰]을 줄여서 I'm[아임]으로 쓴다.

243 나는 한 공주님이다.
빅뱅이론 5-12 에이미 **Hint** princess

장면 예쁘다고 칭찬해주는 페니에게 못생긴 에이미가.
문법 princess의 ess는 '여성'의 의미가 있습니다. waitress, 등.

244 나는 너의 아버지다.
모던패밀리 2-11 필 **Hint** father

장면 네(루크)가 태어나는 순간 나는 저렇게 외쳤어(스타워즈의 명대사. 그래서 이름을 루크라고 지음).

245 나는 한 고문하는 사람이다.
로스트 2-14 사이드 **Hint** torturer

장면 장난치려는 벤을 협박하며
문법 '한다(동사)' 뒤에 er을 붙이면 '~하는 사람'이라는 뜻을 가집니다(waiter, teacher 등).

246 나는 한 라이프가드이다.
로스트 1-1 분 **Hint** lifeguard

장면 비행기에서 추락한 뒤 분(사람 이름)이 심폐소생술을 해보지만 못 살려낼 때, 의사인 잭이 왔을 때 한 말. 결국 잭이 심폐소생술을 해서 살려냅니다.

익힌 단어	
a [ə]	한
mom [mam]	엄마
her [hər]	그녀의, 그녀를
your [júər]	너의

익힐 단어	
teacher [tíːʧər]	선생님
torturer [tɔ́ːrʧərər]	고문하는 사람
princess [prínses]	공주
dad [dæd]	아빠
lifeguard [láifgɑ́ːrd]	라이프가드, 구조원
father [fɑ́ːðər]	아버지

참고 4시간에 끝내는 영화영작:기본패턴 3단원

247 나는 한 선생님이다. I'm a teacher.

248 나는 너의 선생님이다. I'm your teacher.

249 나는 한 공주님이다. I'm a princess.

250 나는 한 고문하는 사람이다. I'm a torturer.

251 나는 너의 아버지이다. I'm your father.

252 나는 그녀의 엄마다. I'm her mom.

253 나는 한 라이프가드이다. I'm a lifeguard.

답 1 I'm a princess.
2 I'm your father.
3 I'm a torturer.
4 I'm a lifeguard.

반복 횟수 1회 ☐ 2회 ☐ 3회 ☐ 4회 ☐

누가 상태모습이다 어떤
내가 상태모습이다 괜찮은

'어떤 사람' '어떤 물건'에서 '어떤(okay)'을 형용사라고 한다.
예를 들어 '사랑하는 사람'은 말이 되지만(사랑하는: 형용사),
'사랑한다(동사) 사람'이나 '사랑(명사) 사람'은 말이 안 된다.

254 나는 미안하다.
가십걸 1-3 댄 **Hint** sorry

장면 세레나의 세계에 대해 함부로 말한 것을 사과하며.

255 저는 회색(늙었어)이에요.
모던패밀리 1-13 미첼 **Hint** gray

장면 아버지가 화낼까 봐 차마 게이라고 말을 못하고.

256 나는 용감하다.
모던패밀리 1-9 필 **Hint** brave

장면 롤러코스터 같은 건 잘 타요. 그런데 광대가 너무 무서워요.

257 나는 똑똑하다.
심슨가족 5-3 호머 **Hint** smart

장면 호머가 대학에 갔을 때.

익힌 단어

익힐 단어

okay [óukéi]	괜찮은
gray [grei]	회색, 회색인
brave [breiv]	용감한.
smart [sma:rt]	똑똑한
right [rait]	옳은
wrong [rɔ́:ŋ]	틀린

참고 4시간에 끝내는 영화영작:기본패턴 3단원

258 나는 미안하다. I'm sorry.

259 나는 괜찮다. I'm okay.

260 나는 늙었다. I'm gray.

261 나는 용감하다. I'm brave.

262 나는 똑똑하다 I'm smart.

263 나는 옳다. I'm right.

264 나는 틀리다. I'm wrong.

정답 1 I'm sorry.
2 I'm gray.
3 I'm brave.
4 I'm smart.

반복 횟수 1회 □ 2회 □ 3회 □ 4회 □

누가 **너는** 상태모습이다 **상태모습이다** 어떤 **미안한**

'누가'가 너(you)이면 are를 쓴다.
'누가'가 여러 명(we, they, you, boys, books)이어도 are를 쓴다.

265 우리는 미안하다.
가십걸 4-10 제니 **Hint** sorry

장면 친구들을 등 돌리게 하고, 거짓으로 몰래 문자 메시지를 보내서 세레나가 학교를 그만두게 한 일에 대해.

266 그들은 슬프다.
글리 3-13 슈가 **Hint** sad

장면 (솔로들을 초대해놓고, 자신도 솔로면서) 솔로들은 오지 마. 지루하고 우울하니까.

267 책들은 쓸모없다.
심슨가족 15-10 호머 **Hint** useless

장면 나는 평생 딱 한 권의 책을 읽어봤지. '앵무새 죽이기'라는 책인데, 별 도움이 안됐지.
문법 I, you, she, he, it 뒤의 비동사는 줄여 쓸 수 있지만, 그 외의 다른 명사book는 줄여 쓰지 않는다.

268 너는 똑똑하다.
가십걸 4-20 댄 **Hint** smart

장면 똑똑한 데다가 멋지기도 한데, 지금 난 누구 만나고 싶지 않아서...(애매한 관계였던 찰리에게).

익힌 단어		익힐 단어	
sorry [sɔ́:ri]	미안한	**sad** [sæd]	슬픈
book [buk]	책	**useless** [jú:slis]	쓸모없는
smart [sma:rt]	똑똑한		

참고 4시간에 끝내는 영화영작:기본패턴 3단원

269 너는 미안하다. You're sorry.

270 나는 미안하다. I'm sorry.

271 우리는 미안하다. We're sorry.

272 그들은 슬프다. They're sad.

273 책들은 쓸모없다. Books are useless.

274 너는 똑똑하다. You're smart.

275 그 소년들은 똑똑하다. The boys are smart.

정답 1 We're sorry.
2 They're sad.
3 Books are useless.
4 You're smart.

반복 횟수 1회 □ 2회 □ 3회 □ 4회 □

He is crazy.

누가 상태모습이다 어떤
그는 상태모습이다 **미친**

'누가'가 '나'나 '너'가 아닌 다른 사람 한 명이라면(3인칭 단수),
'한다'에는 is를 쓴다.

그것은 한 남자아이이다.
심슨가족 6-13 호머 **Hint** boy

장면 아기의 탯줄이 고추인 줄 알고.

이것은 나의 운명이다.
로스트 1-4 존 로크 **Hint** destiny

장면 혼자서 멧돼지를 잡으러 가는 것은 불가능하다고 말하는 케이트에게.

나의 이름은 사이드이다.
로스트 1-14 사이드 **Hint** Sayid

장면 그리고 직업은 고문 전문가이지. 장난치려는 벤을 협박하며.
문법 이름은 문장 어디에 있든 첫 글자는 항상 대문자로 써야 합니다.

이 세계는 미쳤다.
가십걸 1-2 세레나 **Hint** crazy

장면 떠나는 댄을 붙잡고(p.91).

익힌 단어	
okay [óukéi]	괜찮은
mom [mam]	엄마
boy [bɔi]	남자아이
my [mai]	나의
girl [gəːrl]	소녀, 여자아이
world [wəːrld]	세계, 세상

익힐 단어	
destiny [déstəni]	운명
name [neim]	이름
crazy [kréizi]	미친

참고 4시간에 끝내는 영화영작:기본패턴 3단원

280 그는 미쳤다. He's crazy.

281 이 세계는 미쳤다. This world is crazy.

282 나의 엄마는 괜찮다. My mom is okay.

283 그것은 한 소년이다. It's a boy.

284 그것은 한 소녀다. It's a girl.

285 이것은 나의 운명이다. This is my destiny.

286 나의 이름은 사이드이다. My name is Sayid.

정답 1 It's a boy.
2 This is my destiny.
3 My name is Sayid.
4 This world is crazy.

반복 횟수 1회 □ 2회 □ 3회 □ 4회 □

I was beautiful.

누가 상태모습이다 아름다운
내가 상태모습이었다 아름다운

나(I)이거나 한 명이면 was를,
너(you)이거나 여러 명이면 were를 쓴다.
누가(I)와 과거의 비동사(was)는 줄여 쓰지 않는다.

287 저것은 아름다웠다.
빅뱅이론 8-10 에이미 **Hint** beautiful

누가 ______ 상태모습 ______ 어떤 ______

장면 쉘든이 깃발 프로그램의 녹화를 끝내자.

288 내가 틀렸다.
엑스파일 1-23 스컬리 **Hint** wrong

누가 ______ 상태모습 ______ 어떤 ______

장면 외계 물질임이 밝혀졌을 때, 외계 생명체를 부인하던 스컬리가.

289 나는 웃겼다.
모던패밀리 1-19 필 **Hint** funny

누가 ______ 상태모습 ______ 어떤 ______

장면 이상한 농담을 하고 아무도 웃지 않는데 스스로에게 이렇게 말함.

290 그는 나의 운명이었다.
가십걸 2-20 블레어 **Hint** destiny

______ ______ ______ ______

장면 어린 시절부터 단지 친구로 지내왔지만, 알고 보니 나의 운명이야.

익힌 단어

wrong [rɔ́ːŋ] 틀린, 잘못된
destiny [déstəni] 운명
that [ðæt] 저, 저것

익힐 단어

was [wəz] 상태모습이었다(한명일 때)
were [wər] 상태모습이었다(여러명일 때)
beautiful [bjúːtəfəl] 아름다운
funny [fʌni] 웃기는

참고 4시간에 끝내는 영화영작:기본패턴 3단원

291 나는 아름다웠다. I was beautiful.

292 저것은 아름다웠다. That was beautiful

293 내가 틀렸다. I was wrong

294 그들이 틀렸다. They were wrong.

295 나는 웃겼다. I was funny.

296 너는 웃겼다. You were funny.

297 그는 나의 운명이었다. He was my destiny.

정답 1 That was beautiful
2 I was wrong.
3 I was funny.
4 He was my destiny.

반복 횟수 1회 ☐ 2회 ☐ 3회 ☐ 4회 ☐

GAME OF THRONES

7

66분

왕좌의 게임

왕좌를 위해 싸우는 7개의 국가. 용, 마법, 좀비 등 다양한 세계관이 조화롭고 사실적으로 묘사된다. 전쟁, 사랑, 배신, 반전의 21세기 최고의 판타지.

존 스노우
스타크 가의 서자(첩의 아들)

검술이 뛰어남. 서자 콤플렉스를 극복하고자 북쪽 장벽을 지키는 집단(나이트 워치)에 지원. 선한 마음으로 올바른 길을 가려 한다.

에다드
북쪽의 왕

캐틀린
북쪽의 여왕

롭
스타크의 장자

브랜
빙의 마법사?

아리아
암살자?

산사
기구한 운명

세르세이
나쁜 왕녀

7왕국의 실제 통치자. 친오빠 제이미 사이에서 조프리가 태어나지만 비밀로 함. 원하는 것을 얻기 위해 무슨 짓이든 하는 악녀. 바른 소리 하는 티리온을 싫어함.

티리온
난장이

지략의 달인. 어머니가 티리온을 낳다가 죽음. 라니스터가의 버린 자식.

대너리스
용의 어머니

타게리안의 마지막 후손. 3마리의 용을 가짐. 선한 마음과 현명한 판단으로 민심을 모음.

조프리
폭군 왕

제이미
전 왕 살해자

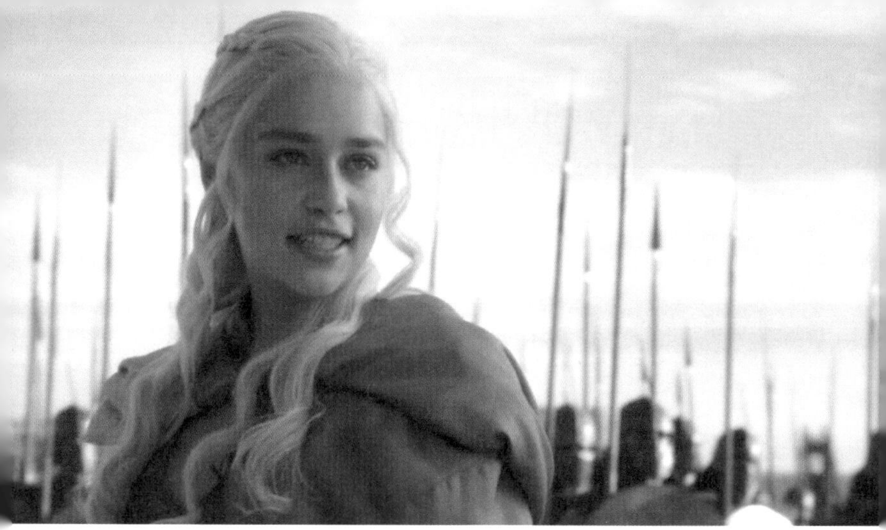

10 age

강의,영상,MP3

장르	5시즌 (50편)	추천 에피소드	추천 미드	난이도
판타지, 드라마	2011~(2017)	5-8, 3-9, 5-9, 4-2	스파르타쿠스, 로마	★★★★★

왕좌의 게임이 인기 있는 이유 중 하나는, 복잡한 관계 속에서 차악을 선택해야 하는 모습, 또는 그런 속에서도 다른 최선을 만들어내는 모습이 현실과 닮았기 때문입니다.

미드 안의 7왕국은 원래 타게리안(용의 피를 이어받음)이 통치했으나, 폭군 통치로 왕국이 몰락하고, 마지막으로 오빠와 동생(대너리스)만 남습니다. 오빠는 동생을 칼드로고(야만족)에게 아내로 보내는 대신, 그의 군대를 이용해 왕좌를 차지하려 합니다. 그런데 상처가 곪아 드로고가 죽게 되고, 대너리스는 그의 화장(장례식)에서 3개의 용의 알과 함께 불에 들어갑니다.

다음날 모든 걸 태운 재 속에서 3마리의 용과 대너리스가 나옵니다. 그리고 척박한 땅에서 물과 음식을 찾아 '카쓰'에 가게 되는데, 문전박대를 당할 뻔한 것을 자로(원로)가 구해줍니다. 자로의 속셈은 대너리스를 자신의 아내로 삼으려는 것입니다. 그런데 대너리스가 거부하자 몰래 야만족들을 죽이고 용을 훔칩니다. 그 사실을 알게 된 대너리스는 용을 되찾아 자로를 죽이고, 거세병(용병)을 사기 위해 아스타포에 갑니다.

용 한 마리는 군대 하나보다 나은 힘을 갖고 있지만, 아직은 새끼라 큰 힘이 없습니다. 대너리스는 가진 것이 없으므로 거세병을 사기 위해 용을 줄 수밖에 없는데, 현명한 처신으로 용과 거세병을 모두 받아내며 말합니다: A dragon is not a slave.

누가 상태모습이다 어떤

나는 상태모습이다 너의 아빠인.

전 단원(p.90~p.101)에서 나온 문장들을 기본으로 섞인 문장들을 복습한다.

298 나는 슬펐다.

가십걸 2-25 블레어 **Hint** sad

장면 그때 그는 나를 편안하게 해주려 했어.

299 나는 괜찮다.

모던패밀리 1-11 필 **Hint** okay

장면 근데 암이라잖아!

300 내가 그 목적지이다.

가십걸 1-5 블레어 **Hint** destination

장면 나는 니가 잠깐 들렀다가는 정류장이 아니라 목적지야. 세레나가 데이트 때문에 블레어의 외박 파티에 갈 수 없다고 하자.

301 꿈들이 정답들이다.

엑스파일 4-10 멀더 **Hint** dream, answer

장면 우리가 모르는 것들에 대해서는 우리가 기대하고 소망하는 것들이 정답이지.

익힌 단어	
okay [óukéi]	괜찮은(=OK)
beautiful [bjúːtəfəl]	아름다운
father [fáːðər]	아버지

익힐 단어	
answer [ǽnsər]	대답, 정답
dream [driːm]	꿈
destination [déstənéiʃən]	목적지

참고 **4시간에 끝내는 영화영작:기본패턴 3단원**

302 나는 너의 아버지이다. I'm your father.

303 그는 너의 아버지이다. He's your father.

304 나는 슬펐다. I was sad.

305 나는 괜찮다. I'm okay.

306 그녀는 괜찮다. She's okay.

307 내가 그 목적지이다. I'm the destination.

308 꿈들이 정답들이다. Dreams are answers.

정답 1 I was sad.
2 I'm okay.
3 I'm the destination.
4 Dreams are answers.

반복 횟수 1회 ☐ 2회 ☐ 3회 ☐ 4회 ☐

누가 상태모습이다 어떤

내가 상태모습이다 한 똑똑한 아이인

한정사(a, the, this 등)와 명사(boy) 사이에도 형용사(smart, p.94)를 쓸 수 있다.

나는 한 멋진 아빠다.

모던패밀리 1-1 필 **Hint** cool

장면 유행에도 빠르고 애들 은어도 아니까. LOL:Laugh out loud, OMG: oh my god, WTF: why the face (마지막 것은 틀림. 욕:what the fuck)

내가 그 미친 소녀다.

가십걸 1-18 블레어 **Hint** crazy

장면 이 동네에서는 내가 그런 소녀야!

그는 나의 영혼의 짝(운명의 짝)이다.

모던패밀리 1-22 알렉스 **Hint** soulmate

장면 처음 보는 노안의 15살 소년에게 찝쩍대던 언니의 말을 언급하며 놀립니다.

우리는 좋은(착한) 사내들이다.

로스트 2-24 벤자민 **Hint** guy

장면 마이클이 친구들을 인질로 넘겨준 뒤, 벤자민에게 당신들 뭐 하는 사람이냐고 묻자.

익힌 단어

dad [dæd]	아빠
smart [sma:rt]	똑똑한
crazy [kreizi]	미친

익힐 단어

cool [ku:l]	시원한, 멋진
soulmate [soul meit]	영혼의 짝
good [gud]	좋은, 선한
guy [gai]	사내

313 나는 한 똑똑한 아이다. I'm a smart boy.

314 나는 한 멋진 아빠다. I'm a cool dad.

315 내가 그 미친 소녀다. I'm the crazy girl.

316 그들은 멋진 소년들이었다. They were cool boys.

317 그는 나의 운명의 짝이다. He's my soul mate.

318 우리는 좋은 사내들이다. We're good guys.

319 그녀는 한 좋은 엄마였다. She was a good mom.

정답
1 I'm a cool dad.
2 I'm the crazy girl. (원문은 I'm the crazy bitch.)
3 He's my soulmate.
4 We're good guys.

반복 횟수 1회 □ 2회 □ 3회 □ 4회 □

I am not late.

누가 / 내가　　상태모습이다 / 상태모습이 아니다　　어떤 / 늦은

비동사(am) 뒤에 not을 쓰면 '아니라는 말'이 된다.
am not은 줄여쓸 수 없다.

320 나는 괜찮지 않다.
빅뱅이론 8-12 라지　**Hint** okay

장면 그러니까 거기는 제모하지 말랬잖아. 다시 날 때 간지럽다니까.

321 나는 미치지 않는(았)다.
빅뱅이론 2-4 쉘든　**Hint** crazy

장면 어릴 때 엄마가 날 정신과에 데려가서 검사 해봤는데 아니래.

322 나는 멋지지 않다.
모던패밀리 1-3 캠　**Hint** cool

장면 난 크고 일종의 코스코(미국의 이마트) 같은 사람이지.

323 나는 한 기도하는 사람이 아니다.
심슨 9-24 호머　**Hint** praying, person

장면 하지만 슈퍼맨 혹시 위에 있다면 도와주세요! 호머가 크레인에 탄 채로 강에 빠졌을 때.

익힌 단어		익힐 단어	
man [mæn]	남자	**praying** [preiŋ]	기도하는
crazy [kréizi]	미친	**person** [pə́ːrsn]	사람
cool [kuːl]	시원한, 멋진	**late** [leit]	늦은

참고 4시간에 끝내는 영화영작:기본패턴 4단원

324 나는 늦지 않는다. I'm not late.

325 나는 괜찮지 않다. I'm not okay.

326 나는 미치지 않는다. I'm crazy.

327 나는 한 미친 남자가 아니다. I'm not a crazy man.

328 나는 멋지지 않다. I'm not cool.

329 나는 한 멋진 사람이 아니다. I'm not a cool person.

330 나는 한 기도하는 사람이 아니다. I'm not a praying person.

정답 1 I'm not okay.
2 I'm not crazy.(원문은 I'm not insane.)
3 I'm not cool.(원문은 I'm not fancy.)
4 I'm not a praying person. (원문은 I'm not a praying man.)

반복 횟수 1회 □ 2회 □ 3회 □ 4회 □

He is not a boy.

누가 / 상태모습이다 / 어떤

그가 상태모습이 아니다 **한 소년인**

비동사(is) 뒤에 not을 쓰면 '아니라고 하는 말'이 된다.
is not은 isn't로 줄여 쓸 수 있다. are not은 aren't으로 줄여 쓸 수 있지만, 줄이지 않은 쪽을 훨씬 많이 쓴다. 이 책에서는 's not, 're not으로만 쓴다.

너는 한 소년이 아니다.

왕좌의 게임 1-6 테온

장면 롭에게 스스로 결정할 만큼 컸으니 전쟁을 해도 된다고 부추기며.

사랑은 충분하지 않다.

위기의 주부들 1-13 가브리엘 **Hint** enough

장면 정원사가 난동을 피우며 가브리엘에게 사랑한다고 말하자.
문법 대명사(he, she, it)가 아닌 단어(love)는 줄여 쓰지 않는다.

혼란은 한 구덩이가 아니다.

왕좌의 게임 3-6 베일리쉬 **Hint** chaos, pit

장면 위기는 또 다른 기회고, 혼란은 구덩이가 아니라 사다리야.

한 용은 한 노예가 아니다.

왕좌의 게임 3-4 대너리스 **Hint** dragon, slave

장면 받은 용이 말을 안 듣는다고 노예상이 말하자.

익힌 단어	
love [lʌv]	사랑
boy [bɔi]	소년, 남자아이

익힐 단어	
enough [inʌf]	충분한, 충분히
chaos [kéias]	혼란
pit [pit]	구덩이
dead [ded]	죽은
dragon [drǽgən]	용
slave [sleiv]	노예

참고 **4시간에 끝내는 영화영작:기본패턴 4단원**

그는 한 소년이 아니다. He's not a boy.

너는 한 소년이 아니다. You're not a boy.

우리는 소년들이 아니다. We're not boys.

사랑은 충분하지 않다. Love is not enough.

그것들은 구덩이들이 아니다. They're not pits.

혼란은 한 구덩이가 아니다. Chaos is not a pit.

한 용은 한 노예가 아니다. A dragon is not a slave.

답 1. You're not a boy.
2. Love is not enough.
3. Chaos is not a pit.
4. A dragon is not a slave.

반복 1회 □
횟수 2회 □
3회 □
4회 □

I wasn't your brother.

누가 / 상태모습이다 / 어떤

내가 상태모습이 아니었다 너의 형제인

과거는 한 사람일 때는 was not을 쓰고(줄여 쓰면 wasn't),
여러 명일 때는 were not을 쓴다(줄여 쓰면 weren't).
이 책에서 과거의 비동사(was, were)와 not은 줄여서 쓴다.

342 나는 두렵지 않았다.
로스트 2-10 에코 **Hint** afraid

누가 ____ 상태모습 ____ 어떤 ____

장면 검은 연기를 보고도 왜 도망가지 않았냐고 묻자.

343 그들은 너의 형제들이 아니었다.
왕좌의 게임 5-8 테온 **Hint** brother

누가 ____ 상태모습 ____ 어떤 ____ 어떤 ____

장면 '네가 죽인 그 사람들이 정말 너의 형제들이야? 어떻게 그런 짓을 할 수 있지?'라고 산사가 묻자.

344 그것은 그 남자가 아니었다.
왕좌의 게임 1-3 베일리시

누가 ____ 상태모습 ____ 어떤 ____ 어떤 ____

장면 여자였죠. 제가 고른 사람은 당신 아내였어요.

345 패배는 한 선택사항이 아니었다.
위기의 주부들 1-1 나레이션(메리) **Hint** defeat, option

누가 ____ 상태모습 ____ 어떤 ____ 어떤 ____

장면 브리에게 이혼하자는 남편에 대해 브리의 생각.

익힌 단어

brother [brʌðər]	남동생, 오빠, 형제
man [mæn]	남자
boy [bɔi]	소년

익힐 단어

afraid [əfréid]	두려운
defeat [difíːt]	패배
option [ápʃən]	선택사항
children [tʃíldrən]	아이들

참고 4시간에 끝내는 영화영작:기본패턴 4단원

346 나는 너의 형제가 아니었다. I wasn't your brother.

347 그들은 너의 형제들이 아니었다. They weren't your brothers.

348 나는 두렵지 않았다. I wasn't afraid.

349 그 아이들은 두렵지 않았다. The children weren't afraid.

350 그것은 그 남자가 아니었다. It wasn't the man.

351 그들은 소년들이 아니었다. They weren't boys.

352 패배는 한 선택사항이 아니었다. Defeat wasn't an option.

정답 1 I wasn't afraid.
2 They weren't your brothers.
3 It wasn't the man.
4 Defeat wasn't an option.

반복 횟수 1회 □ 2회 □ 3회 □ 4회 □

It is a lie.
누가 상태모습이다 어떤

그것은 상태모습이다 한 거짓말인

앞서 나온 '누가-상태모습이다-어떤' 구조의 문장들이 섞여서 나온다.

353 아이들은 선물들이다.

위기의 주부들 1-14 나레이션(메리) **Hint** gift

장면 신께서 주신 선물이다. 하지만 아이들이 주는 선물은 아니다.
문법 child가 여러 명이면 childs라고 하지 않고, children으로 쓴다.

354 저것은 한 거짓말이다.

심슨가족 9-4 할아버지 **Hint** lie

장면 리사가 할아버지는 오랫동안 재미있는 삶을 사셨으니 추억 이야기를 해달라고 하자.

355 우리의 아들은 이상하지 않다.

모던패밀리 1-5 클레어 **Hint** weird

장면 이상한 건 자기 아들이지. 무슨 초등학생(매니)이 향수를 뿌리고 면도 크림을 발라?

356 신뢰는 한 깨지기 쉬운 것이다.

위기의 주부들 1-10 나레이션(메리) **Hint** trust, fragile

장면 신뢰란 한번 얻으면 무한한 자유를 주지만, 한번 깨지면 절대 회복할 수 없다.

익힌 단어	
son [sʌn]	아들
that [ðæt]	저, 저것
children [tʃíldrən]	아이들

익힐 단어	
lie [lai]	거짓말, 거짓말하다
weird [wiərd]	이상한
gift [gift]	선물
trust [trʌst]	신뢰, 신뢰하다
fragile [frǽdʒəl]	깨지기 쉬운
thing [θiŋ]	(어떤) 것

참고 4시간에 끝내는 영화영작:기본패턴 4단원

357 그것은 한 거짓말이다. It's a lie.

358 저것은 한 거짓말이다. That's a lie.

359 우리의 아들은 이상하지 않다. Our son is not weird.

360 아이들은 선물이다. Children are gifts.

361 그 아이는 한 선물이었다. The child was a gift.

362 그것은 깨지기 쉽다. It's fragile.

363 신뢰는 한 깨지기 쉬운 것이다. Trust is a fragile thing.

정답
1 Children are gifts.
2 That's a lie.
3 Our son is not weird.
4 Trust is a fragile thing.

반복 횟수
1회 ☐
2회 ☐
3회 ☐
4회 ☐

8
55분

심슨가족

블랙 코미디의 진수. 이보다 더 절묘할 수는 없다.
26년 넘게 방영 중인 최장수 어른용 애니메이션.

호머
아빠
원자력 발전소 직원. 먹는 것을 좋아하고(특히 도넛), 게으름, 낙천적. 머리가 모자람. 엉뚱한 생각도 일단 실천에 옮기는 편. 인간적인 면 때문에 주변 사람들이 좋아함.

마지
엄마
가정적임. 설정상 미인. 머리카락에서 다양한 물건이 등장. 술집 주인 모가 좋아함.

플랜더스
옆집 종교인
두 아이의 아빠. 아내가 일찍 죽음. 신실하고 가정적인 기독교인. 호머한테 주로 당하는 역할.

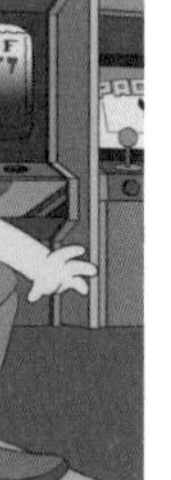

바트
주인공
초등학교 4학년, 리사보다 2살 많음. 공부는 못하지만, 장난치는 데는 우등생. (실제로) 타임지에 20세기에 가장 중요한 인물 100인 중 한 명으로 선정되어 논란이 됨.

리사
여동생
IQ 156, 공부 잘함. 채식주의자. 말과 돌고래를 좋아하는 환경보호가. 밀하우스가 좋아함.

매기
막내

번즈
100살 사장

스미더스
번즈의 비서

모
술집 주인

밀 하우스
바트의 친구

스키너
불쌍한 교장

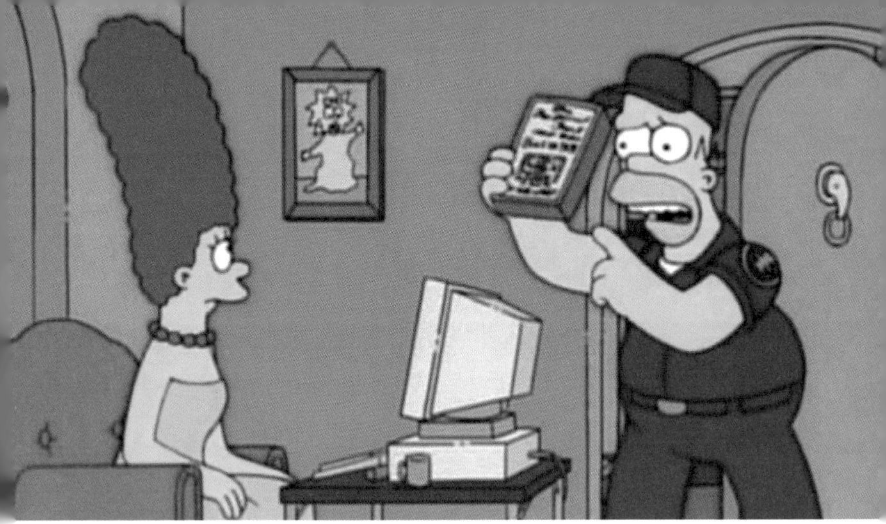

강의,영상,MP3

장르	26시즌 (574편)	추천 에피소드	추천 미드	난이도
코미디	1989~	7-17, 8-23, 8-15	퓨쳐라마	★★

마지는 자신이 좋아하는 작가에게 작가가 되는 비결을 물어보니, 특별한 비결은 없고 누구나 작가가 될 수 있다고 말합니다. 용기를 얻은 마지는 집에 와서 소설을 쓰기 시작하는데, 마땅한 소재를 찾기 어렵자 자신의 주변의 것들을 소재로 글을 씁니다.

호머(남편)를 가정에 소홀하고 멍청한 남편으로 묘사하고, 자신은 주인공이자 이웃집의 매력적인 플랜더스와 바람나는 이야기입니다. 물론 책 안에서의 이름은 다르지만, 마지 스스로도 책의 인물과 착각해서 자신의 이름을 쓸 정도로 마지와 호머를 아는 사람이라면 누가 봐도 그들을 주인공 삼아서 쓴 것을 알 수 있습니다. 먼저 자신의 딸인 리사에게 읽혀보는데, 리사는 아빠(호머)가 싫어할 것 같으니 아빠에게 허락을 받고 출간하는 게 어떻겠냐고 말합니다.

하지만 평생 책이랑 담쌓은 호머가 책을 읽을 리 없습니다. 호머는 이렇게 생각합니다: Books are useless. I read one book. 그래서 마지에게는 읽었다고 거짓말하는데, 나중에 우연히 알게 된 뒤, 소설 속에서 바람피운 상대인 플랜더스를 쫓아갑니다. (후략)

대부분의 사람들은 책을 내고 싶어도 원고를 완성 못 하는데, 마지는 일단 겁 없이 글을 썼고, 잘 아는 장르(로맨스)에 주변의 소재로 쉽게 글을 쓸 수 있었습니다. 일반적으로, 원고 전체를 최대한 많은 출판사에 보여주면 출간될 확률이 더 높습니다.

The man likes me.

누가 / 한다 / 무엇을

그 남자는 좋아한다 나를

현재의 '누가-한다-무엇을'과 '누가-상태모습이다-어떤'의 구조가 섞여서 나온다. '행동'에 관심을 두고 말하는지, '상태나 모습'에 관심을 두고 말하는지에 따라 다른 구조의 문장을 만들어야 한다.

364 그는 대단하다.

가십걸 2-13 세레나 **Hint** great

장면 새로 생긴 남자친구와 여행을 떠나겠다고 할 때, 전 남친(댄)에게 새 남친을 어떻게 생각하냐고 묻자.

365 나는 그를 좋아한다.

가십걸 2-13 세레나

장면 그럼 됐지 뭐(댄). 현재의 남친에 대해 전 남친에게 물어볼 때.

366 한 악마는 한 자동차를 운전한다.

위기의 주부들 1-7 형사 **Hint** evil

장면 그것도 평범한 차를. 그 사람이 착한지 나쁜지 외모만 보고는 알 수 없다.

문법 evil의 e는 모음이므로 'a'를 쓰지 않고 'an'을 쓴다.

367 우리는 친구들이다.

위기의 주부들 4-9 캐런 **Hint** friend

장면 우리가 필요할 때만 그렇지. 폭풍이 오는 날 지하실에 숨겨달라고 하자.

익힌 단어

car [kaːr] 차

man [mæn] 남자

like [laik] 좋아하다

익힐 단어

evil [íːvəl] 악마, 악한

great [greit] 대단한

big [big] 큰

drive [draiv] 운전하다

friend [frend] 친구

참고 4시간에 끝내는 영화영작:응용패턴 1단원

368 그 남자는 나를 좋아한다. The man likes me.

369 그는 대단하다. He's great.

370 나는 그를 좋아한다. I like him.

371 한 자동차는 크다. A car is big.

372 나는 한 큰 자동차를 운전한다. I drive a big car.

373 한 악마는 한 자동차를 운전한다. An evil drives a car.

374 우리는 친구들이다. We're friends.

정답 1 He's great.
2 I like him.
3 An evil drives a car. (원문은 evil drives a minivan)
4 We're friends.

반복 1회 □
횟수 2회 □
3회 □
4회 □

Everyone likes me.

누가 모든사람들은 / 한다 좋아한다 / 무엇을 나를

현재의 '아니라는 말(=부정문)'이 앞 단원의 문장구조들과 섞여서 나온다.
every로 '누가'가 시작하면 의미상은 '모든~'이지만 하나하나를 가리킨 개개의 모두를 의미하므로 단수(한 개)취급하여 한다(like)에 s가 붙는다(likes).

375 너는 친구들을 이기지(얻지) 않는다.
심슨가족 7-5 호머 **Hint** win

장면 채식주의자인 리사에게. 사람들은 고기만 좋아하고 샐러드는 안 좋아하기 때문에 샐러드로는 친구를 사귀기 어렵다며.

376 모든 사람들은 멍청하다.
심슨가족 4-3 호머 **Hint** stupid

장면 나를 빼고는.
문법 every나 each로 '누가'가 시작하면 단수(한 개)로 취급한다.

377 그녀는 예쁘다.
글리 3-17 피어스 **Hint** pretty

장면 겨드랑이 털을 안 깎는 것 빼고는('조'라는 남학생을 여자로 비유하며).

378 나는 나의 혈액형을 모른다.
로스트 1-20 찰리 **Hint** blood type

장면 평소 피에 관련된 말을 즐겨 쓰던 찰리. 단지 혈액형이 아니라 양성인지 음성인지도 알아야 한다고 하자.

익힌 단어

like [laik]	좋아하다
my [mai]	나의
friend [frend]	친구
mom [mam]	엄마
know [nou]	알다

익힐 단어

everyone [évriwʌn]	모든 사람들(단수 취급)
stupid [stjú:pid]	멍청한
blood [blʌd]	피
type [taip]	종류
win [win]	이기다, 얻다
pretty [príti]	예쁜

참고 4시간에 끝내는 영화영작:응용패턴 1단원

379 모든 사람들은 나를 좋아한다. Everyone likes me.

380 모든 사람들은 멍청하다. Everyone is stupid.

381 너는 친구들을 이기지 않는다. You don't win friends.

382 그는 나를 이긴다. He wins me.

383 그녀는 예쁘다. She's pretty.

384 나는 나의 혈액형을 모른다. I don't know my blood type.

385 그 남자는 너의 엄마를 모른다. The man doesn't know your mom.

답 1 You don't win friends.
2 Everyone is stupid.
3 She's pretty.
4 I don't know my blood type.

반복 횟수 1회 ☐ 2회 ☐ 3회 ☐ 4회 ☐

Everyone liked me.

누가 모든 사람들은 / 한다 좋아했다 / 무엇을 나를

과거에 대한 문장구조 두가지('누가-한다-무엇을', '누가-상태모습이다-어떤')가 섞여서 나온다.

386 그것은 가능했었다.

심슨가족 10-15 바트 **Hint** possible

장면 말도 안 되는 욕이 섞여지는 게 가능할 정도로 끔찍한 공연이다(이상한 공연을 보며).

387 나는 한 벌레를 먹었다.

로스트 1-10 찰리 **Hint** bug

장면 클레어가 일기를 쓰고 있을 때, 찰리가 말도 안 되는 일기를 지어내며 장난을 침.

388 그는 한 대회에 들어갔다.

프렌즈 7-4 로스 **Hint** contest

장면 누가 바닐라 아이스크림처럼 생겼는지 대회였는데, 챈들러가 1등 했어.

389 나는 너의 엄마를 만났다.

모던패밀리 1-17 필 **Hint** met

장면 젊을 때 많이 놀았고, 그러고 나서 너의 엄마를 만났지. 아직 어려서 아빠가 다른 여자와 사귀었다는 것을 받아들이지 못하는 루크에게.

익힌 단어	
get [get]	생기다
mom [mam]	엄마
great [greit]	대단한
bug [bʌg]	벌레
everyone [évriwʌn]	모든 사람들

익힐 단어	
enter [éntər]	들어가다
contest [kántest]	대회
possible [pásəbl]	가능한
ate [eit]	먹었다(eat의 과거)
met [met]	만났다(meet의 과거)

참고 4시간에 끝내는 영화영작:응용패턴 1단원

390 모든 사람들은 나를 좋아했다. Everyone liked me.

391 그것은 가능했었다. It was possible.

392 그것들은 가능했었다. They were possible.

393 나는 한 벌레를 먹었다. I ate a bug.

394 그는 한 대회에 들어갔다 He entered a contest.

395 나는 너의 엄마를 만났다. I met your mom.

396 너의 엄마는 대단했다. Your mom was great.

정답 1 It was possible.
2 I ate a bug.
3 He entered a contest.
4 I met your mom.

반복 횟수 1회 □ 2회 □ 3회 □ 4회 □

Everyone was happy.

누가 모든사람들이 / 상태모습이다 상태모습이었다 / 어떤 행복한

과거에 '아니라고 하는 말(=부정문)'과 다른 과거 문장들을 섞어서 연습한다.

397 나는 그것들을 좋아하지 않았다.

모던패밀리 2-18 필

장면 근데 그 형편없는 케이크를 한번 먹어보니까 사랑하게 되더군.

398 너는 너의 최고(의 것)를 시도했다.

심슨가족 5-18 호머 **Hint** best

장면 그런데 실패했지. 여기서 얻을 수 있는 교훈은 절대 시도하지 말라는 거야. 옥스포드 인용구에도 삽입된 문장(The lesson is 'Never Try'.).

399 나는 시간을 소비하지 않았다.

엑스파일 3-20 외계인 오타쿠 **Hint** spend

장면 던전앤 드래곤 같은 게임하는 데 쓰지는 않았고, 외계인에 관한 모든 책을 읽었어요.

400 그들은 그 장소를 닫았다.

심슨가족 8-19 크러스티 **Hint** place

장면 철자를 잘못들은 크러스티가.

익힌 단어

everyone [évriwʌn]	모든 사람들
like [laik]	좋아하다
happy [hǽpi]	행복한

익힐 단어

spend [spend]	소비하다
try [trai]	시도하다
best [best]	최고(의 것)
place [pleis]	장소
close [klouz]	닫다
time [taim]	시간

참고 4시간에 끝내는 영화영작:응용패턴 1단원

401 모든 사람들이 행복했다. — Everyone was happy.

402 그들은 행복하지 않았다. — They weren't happy.

403 너는 너의 최고의 것을 시도했다. — You tried your best.

404 그녀는 그것을 시도하지 않았다. — She didn't try it.

405 나는 그것들을 좋아하지 않았다. — I didn't like them.

406 나는 시간을 소비하지 않았다. — I didn't spend time.

407 그들은 그 장소를 닫았다. — They closed the place.

정답 1 I didn't like them.
2 You tried your best.
3 I didn't spend time.
4 They closed the place.

반복 횟수 1회 □ 2회 □ 3회 □ 4회 □

She doesn't kiss you.

누가 **그녀는** / 한다 **키스하지 않는다** / 무엇을 **너를**

앞에서 나온 문장 구조들을 모두 섞어서 연습한다.
kiss는 한국어로 해석했을 때 누구'를' 키스했다 보다 누구'에게' 키스했다가 잘 어울리지만, '무엇을' 앞에 to(전치사)가 붙지 않는다.

408 너는 나의 아들이 아니다.
왕좌의 게임 4-10 타이윈

장면 자기 아들(티리온)에게 석궁으로 맞고 죽어가며 하는 말.

409 너는 한 소녀에게 키스했다.
심슨가족 8-7 넬슨(불량배) **Hint** kiss

장면 닭살이야!
문법 해석상은 한 소녀'를'이 아니라 한 소녀'에게'지만 '한 소녀' 앞에 to가 붙지는 않는다.

410 디스코는 죽지 않는다.
가십걸 5-9 나레이션 **Hint** disco

장면 그리고 나도 죽지 않았지!

411 책들은 쓸모없다.
심슨가족 15-10 호머 **Hint** useless

장면 아내가 출간한 책을 읽지 않고는(p.117).

익힌 단어	
son [sʌn]	아들
girl [gəːrl]	소녀
book [buk]	책

익힐 단어	
disco [dískou]	디스코
dead [ded]	죽은
useless [júːslis]	쓸모없는
kiss [kis]	키스하다

참고 4시간에 끝내는 영화영작:응용패턴 1단원

412 너는 나의 아들이 아니다. You're not my son.

413 그녀는 너에게 키스하지 않는다. She doesn't kiss you.

414 너는 한 소녀에게 키스했다. You kissed a girl.

415 우리는 너에게 키스하지 않았다. We didn't kiss you.

416 디스코는 죽지 않는다. Disco is not dead.

417 책들은 쓸모없다. Books are useless.

418 그 소녀는 그 책을 좋아한다. The girl likes the book.

답 1 You're not my son.
2 You kissed a girl.
3 Disco is not dead.
4 Books are useless.

반복 횟수 1회 □ 2회 □ 3회 □ 4회 □

9
44분

로스트

이름 모를 섬에 불시착한 비행기. 죽거나 사라지는 사람들.
그들의 과거와 현재. 그리고 화보 같은 멋진 자연.

잭
외과 의사
의협심이 강함. 생존자 중 유일한 의사. 케이트와 애매하게 교제 중. 실질적인 리더.

존
탐험가
섬에 오기 전까지는 하반신 불구. 섬에서는 칼로 멧돼지를 잡을 정도로 활동적이 됨. 잭과 의견충돌로 종종 신경전을 벌임.

소이어
전직 사기꾼
평소엔 아주 이기적으로 보이나 가끔씩 의외의 모습을 보임. 타인을 애칭으로 부르기를 좋아함.

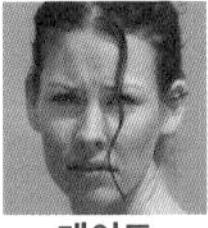

케이트
이송중 범죄자
여자들 중 가장 활동적. 잭과 소이어 사이에서 애매한 모습을 보임.

진
불손한 한국인
한국계 미국인. 선의 남편. 자기중심적. 어색하게 하는 한국어가 매력적.

선
한국인 부인
영화 쉬리에 나왔던 김윤진 씨. 영어를 못하는 척하는 순종적인 한국인 아내.

헐리
로또 당첨자

데스몬드
영국 출신

벤
비밀의 원주민

사이드
고문 전문가

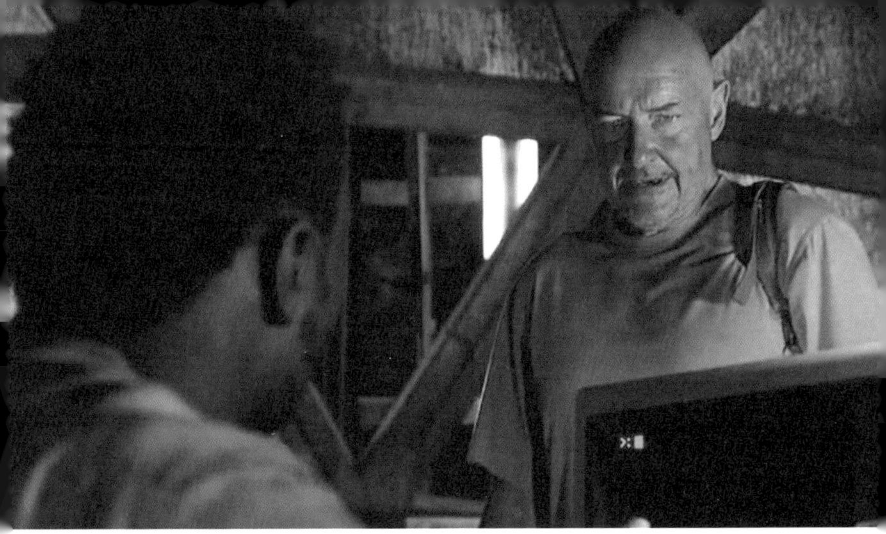

장르	6시즌 (121편, 완결)	추천 에피소드	추천 미드	난이도
미스테리, 스릴러	2004~2010	3-22, 4-5, 2-23	히어로즈, 프린지	★

호주로 향하는 비행기 오세아닉 815에는 324명이 타고 있었는데, 난기류로 이름 모를 섬에 불시착해 50명만 살아남습니다.

이 섬에는 이상한 것들이 있는데, 저녁이 되면 굉음과 함께 검은 연기가 나타나 사람을 잡아가고, 원주민들은 숨어서 음모를 꾸밉니다. 게다가 탈출하려고 뗏목이나 배를 타고 밖으로 나가면 이상하게도 다시 섬으로 돌아오게 됩니다.

행동 대장인 존은 섬을 탐험하다가, 섬 안에 숨겨진 지하통로를 발견합니다. 그 통로를 따라가면 연구실이 나옵니다. 그 안에는 거대한 구식 컴퓨터 같은 기계들이 서로 연결되어 돌아가고 있습니다. 그곳에서 데스몬드는 숫자를 누르고 있는데, 이 행위가 세상을 구하는 일이라며 영상 자료를 보여줍니다. 영상에서는 한 연구자가 나오는데, 이 회사는 1970년에 이상적인 공동체를 만들기 위해 시작했다고 합니다. 심리학, 초능력, 동물학, 기상학, 등을 결합해 연구했는데, 문제가 생겨서 108분마다 프로그램을 실행시켜야 한다고 합니다. 프로그램을 실행시키려면 옛날 컴퓨터의 도스 기본 화면에 4 8 15 16 23 42 enter를 눌러야 합니다.

존은 섬의 다른 지하통로에서 새로운 영상을 보게 됩니다. 그리고 의미 없는 실험 때문에 버튼을 누르고 있다는 생각이 들어서 말합니다: Don't push it.

Kiss me.

한다 무엇을
키스해라 나를

'누가'를 빼고 '한다(kiss)-무엇을(me)'만 이야기하면 '시키는 문장'이 된다. 여기서 '한다'는 원래의 형태(사전에서 찾아지는)로만 쓴다.
'어떤 상태모습으로 있어라'라고 할 때는 '한다' 대신 be를 써서 표현한다.

419 나를 봐(용서해)주세요.
엑스파일 1-3 톰 **Hint** excuse

장면 못 들은 걸 봐주세요(의역: 다시 말해주세요). 톰이 녹색 외계인이라고 한 뒤, 멀더가 회색이라고 정정해준 것을 못 들어서.

420 조심하시오.
로스트 1-11 존 **Hint** careful

장면 잭이 두 팀으로 나뉘어서 찰리와 클레어를 찾자고 하자. 로스트에서 끝없이 나오는 대사.

421 911을 불러요.
모던패밀리 3-17 필 **Hint** 911

장면 루크가 도망치려고 장난으로 가짜 피를 너무 많이 뿌려서. 미국에서는 119가 아니라 911.

422 조용히 하세요.
로스트 3-18 줄리엣 **Hint** quiet

장면 선이 자고 있는데 몰래 들어가서 손으로 입을 막고 아기를 구해주겠다고.

익힌 단어	
call [kɔːl]	부르다, 전화하다
happy [hǽpi]	행복한
trust [trʌst]	신뢰하다

익힐 단어	
excuse [ikskjúːz]	봐(용서해)주다
be [bi]	am, are, is의 원래 형태
careful [kéərfəl]	조심하는
quiet [kwáiət]	조용한

참고 4시간에 끝내는 영화영작:기본패턴 16단원

423 나에게 키스해. Kiss me.

424 나를 봐줘. Excuse me.

425 911을 불러라. Call 911.

426 행복해라. Be happy.

427 조심해라. Be careful.

428 나를 신뢰해라. Trust me.

429 조용해라. Be quiet

정답 1 Excuse me.
2 Be careful.
3 Call 911.
4 Be quiet.

반복 횟수 1회 □ 2회 □ 3회 □ 4회 □

Don't kiss me.

한다 / 무엇을
키스하지 마라 **나를**

'하지 말라고' 말할 때는 '한다(kiss)' 앞에 don't를 붙인다.
'상태모습이지 말아라'라고 쓰려면 don't be를 써야 한다.

430 그것을 열지 마라.
로스트 1-22 월트 **Hint** open

장면 뜬금 없이 월트가 열지 말라고 해서 존은 무슨 말인지 묻지만, 대답해주지 않습니다.

431 그것을 누르지 마라.
로스트 2-23 존 **Hint** push

장면 누르는 일이 의미 없는 일이라 생각하고(p.129).

432 화내지 마라.
위기의 주부들 1-20 크로울리 신부 **Hint** angry

장면 아이들은 (신께서 주신) 선물이다.

433 무서워하지 마라.
로스트 2-22 마이클 **Hint** scared

장면 오랫동안 헤어졌던 아들을 만난 뒤.

익힌 단어		익힐 단어	
kiss [kis]	키스하다	**burn** [bəːrn]	태우다
him [hím]	그를	**open** [óupən]	열다
leave [liːv]	떠나다	**push** [puʃ]	누르다
meet [miːt]	만나다	**angry** [ǽŋgri]	화난
		scared [skɛərd]	무서워하는

참고 4시간에 끝내는 영화영작:기본패턴 16단원

434 나에게 키스하지 마라. Don't kiss me.

435 그것을 열지 마라. Don't open it.

436 그것을 누르지 마라. Don't push it.

437 화내지 마라. Don't be angry.

438 그를 만나지 마라. Don't meet him.

439 무서워하지 마라. Don't be scared.

440 나를 떠나지 마라. Don't leave me.

정답 1 Don't open it.
2 Don't push it.
3 Don't be angry.
4 Don't be scared.

반복 횟수 1회 ☐ 2회 ☐ 3회 ☐ 4회 ☐

I will be smart.

누가 / 상태모습이다 / 어떤

내가 상태모습일 것이다 똑똑한

앞서 배운 will, can은 don't와 같은 역할('조동사'라고 하며, 더 구체적인 의미를 만든다)을 하므로
뒤에 '상태모습이어라'라고 '시키는 문장'을 쓰려면 be를 써야 한다.

441 아이들은 나쁠 수 있다.

심슨가족 6-12 마지 **Hint** kid, bad

장면 바트: 그렇게 이야기해줘서 고마워요.

442 우리의 아기는 똑똑할 것이다.

빅뱅이론 1-1 레너드 **Hint** will, smart

장면 전 남자 친구에게 못 받은 돈을 대신 받으러 갔다가, 바지를 뺏기고 속옷만 입고 돌아왔는데, 쉘든이 저 여자를 포기해야 되지 않겠냐고 묻자.

443 너는 진지할 수 없다(진심이 아니다).

엑스파일 1-3 톰 **Hint** serious

장면 외계인이 철분 보충을 위해 인간의 간을 채취해간다고 하자.

444 그 아기는 안전할 것이다.

로스트 1-10 브로커 **Hint** safe

장면 그들에게 입양을 맡겨도 됩니다. 12만 달러를 줄게요(클레어에게).

익힌 단어

smart [sma:rt] 똑똑한

baby [béibi] 아기

will [wíl] ~할 것이다(의지)

익힐 단어

serious [síəriəs] 진지한, 진심인

bad [bæd] 나쁜

safe [seif] 안전한

kid [kid] 아이

참고 4시간에 끝내는 영화영작:기본패턴 5단원

445 나는 똑똑할 것이다. I will be smart.

446 우리의 아기는 똑똑할 것이다. Our baby will be smart.

447 아이들은 나쁘다. Kids are bad.

448 아이들은 나쁠 수 있다. Kids can be bad.

449 너는 진심일 수 없다. You can't be serious.

450 그 아기는 안전할 것이다. The baby will be safe.

451 그 아기는 안전하지 않을 것이다. The baby won't be safe.

정답 1 Kids can be bad.
2 Our baby will be smart.
3 You can't be serious.
4 The baby will be safe.

반복 횟수 1회 ☐ 2회 ☐ 3회 ☐ 4회 ☐

상태모습이다 어떤
상태모습이어라 한 손님인

'상태모습이다(=be동사)' 뒤에는 명사(a guest)도 올 수 있다.
no는 '누가'나 '무엇을'을 꾸며준다.

452 그들을 (불)태워라.
왕좌의 게임 3-5 제이미 **Hint** burn

장면 나보고 아버지를 죽이라고 하고 도시를 불태우라고 해서 왕을 죽인 거였지. 당신은 그런 왕이라도 믿고 따를 수 있겠어?

453 나의 손님이 되시오.
로스트 3-10 찰리 **Hint** guest

장면 의역하면 '당신 마음껏 (스스로)하세요.' 개가 물어온 해골 팔에 열쇠를 보고 헐리가 따라가면서 같이 가자고 하자.

454 누구도 신뢰하지 마라.
엑스파일 2-16 스컬리 **Hint** no

장면 우리 근무 수칙이잖아요(스컬리). 아니, 일단 누구든 신뢰하고 보는 게 내 수칙이지(멀더).
문법 no는 형용사(p.94)처럼 '누가'나 '무엇을'을 꾸며준다.

455 저것은 한 곰일 수 없다.
로스트 1-2 분 **Hint** bear

장면 섬(정글)에서 죽은 북극곰을 보고.

익힌 단어

trust [trʌst]	신뢰하다
like [laik]	좋아하다
my [mai]	나의

익힐 단어

guest [gest]	손님
burn [bəːrn]	불태우다
bear [bɛər]	곰
no [nou]	누구도 ~아니다
one [wʌn]	어떤 사람, 어떤 것

참고 4시간에 끝내는 영화영작:기본패턴 16단원

456 한 손님이 되어라. — Be a guest

457 그들을 불태워라. — Burn them.

458 나의 손님이 되어라. — Be my guest.

459 그는 나의 손님이 될 것이다. — He will be my guest.

460 저것은 한 곰일 수 없다. — That can't be a bear.

461 누구도 신뢰하지 마라. — Trust no one.

462 누구도 나를 좋아하지 않는다. — No one likes me.

정답 1 Burn them.
2 Be my guest.
3 Trust no one.
4 That can't be a bear.

반복 횟수 1회 ☐
2회 ☐
3회 ☐
4회 ☐

엑스파일

정부에서 숨기는(?) 과학적으로 설명이 안 되는 일들을 멀더와 스컬리가 파헤친다. 과연 진실은 저 밖에 있을까? 2016년 1월 그들이 돌아온다!

멀더
외계인을 믿는

FBI의 X-File(주로 외계인) 담당 요원. 12살 때 여동생이 외계인에게 납치돼서 실종됐다고 믿으며, 동생이 언젠간 돌아올 것으로 생각하고 사건을 파헤친다.

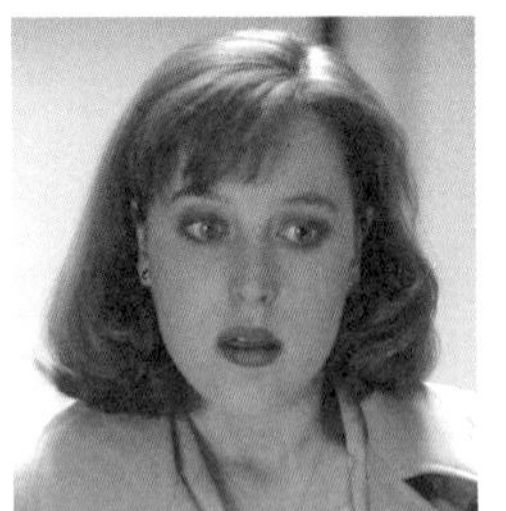

스컬리
외계인을 믿지 않는(?)

외계인을 믿지 않는 것처럼 보이는 의사 출신 요원. 외계인이 없다고 강하게 주장하다가도 멀더가 외계인이 있다는 증거를 보여줄 때마다 조용해진다.
멀더의 감시자 역할로 일을 시작하지만, 감시자보다는 조력자에 가깝다.

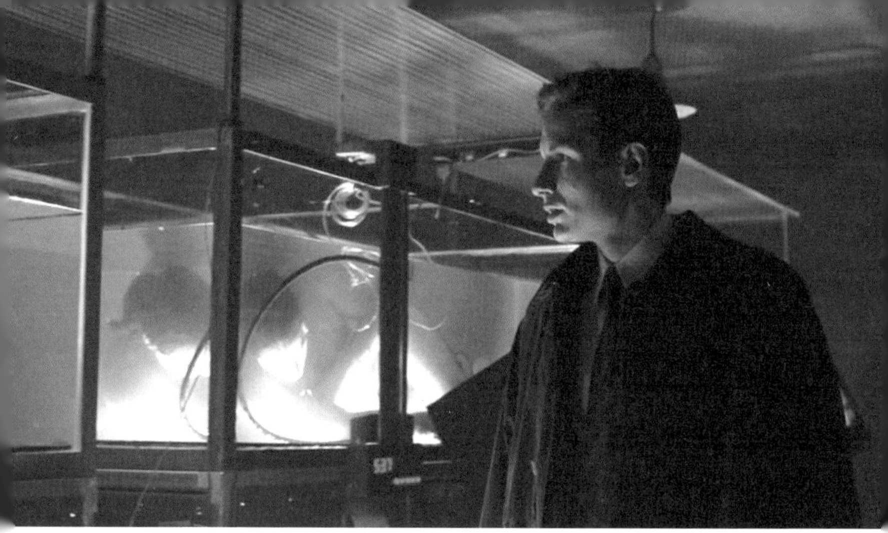

강의,영상,MP3

장르	9시즌 (202편, 완결)	추천 에피소드	추천 미드	난이도
SF, 드라마, 스릴러	1993~2002, 2016~	5-12, 2-25, 3-4	CSI, 닥터 후	★★

멀더는 한 통의 전화를 받고 TV를 켭니다. TV에는 교통신호 위반으로 쫓기다가 바다로 뛰어든 한 남자에 대한 뉴스가 나옵니다. 뉴스를 보고 현장에 가서 쫓기던 차의 번호판으로 차 주인을 찾아갑니다. 도착한 곳은 원숭이를 상대로 실험하는 박사의 연구실입니다. 하지만 박사는 아무것도 모르고 바쁘니 나가달라고 잡아뗍니다.

그날 저녁에 박사는 살해당하고, 그 다음 날 멀더는 다시 박사의 연구실에 찾아가서 증거를 찾아봅니다. 그때 비커에 담긴 액체를 스컬리에게 분석을 맡기라고 하자 의미 있는 액체가 아니라 원숭이 오줌이라면 가만히 안 있겠다며 말합니다: I'm warning you.

스컬리는 대학의 연구실에 분석을 맡겼는데, 그 액체에는 지구 상에 존재하지 않는 염색체가 있었습니다. 스컬리는 멀더에게 그 사실을 전합니다. 한편, 멀더는 박사의 통화기록에서 반복된 전화번호의 주소지를 찾아가 보는데, 그 곳은 약 1.5m크기의 물이 가득한 5개의 수조 안에 벌거벗은 사람이 수중 호흡을 하며 한 사람씩 들어있습니다.

다음날 멀더는 스컬리와 함께 다시 그 장소에 가지만 텅 빈 창고밖에 없습니다. 대신 어떤 사람이 나타나서 과거에 외계인의 세포를 사람에게 주입하는 실험을 했다고 말해줍니다. 이후 다시 대학의 연구실에 연락해보지만, 그 액체를 분석해준 박사와 박사의 가족들은 이미 교통사고로 사망했습니다. 어떤 음모가 있는 걸까요?

누가 상태모습이다 어떤 무엇을

내가 상태모습이다 **만드**는 중인 **그것을**

행동하는 중인 것은 '상태나 모습'을 일컫기 때문에 비동사(am)를 쓰고 '한다(make)'뒤에는 ing를 붙여서 '~하는 중인(making)'을 나타낸다.
의미상 무엇(it)이 만들어지기(make) 전까지는 만드는 중인(making)을 써야 한다.

463 나는 시간을 잃고 있는 중이다.

엑스파일 2-17 스컬리 **Hint** time

장면 멀더가 어디 있는 지 물어봐도 계속 안 가르쳐 줄 때(의역: 나는 바쁘다는 의미).
문법 시간(time)은 셀 수 없다. 셀 수 있는 경우는 '시간'을 의미하지 않고 '횟수'를 의미한다(예: three times).

464 나는 너에게 경고하는 중이다.

엑스파일 1-24 스컬리 **Hint** warn

장면 멀더가 액체를 분석해달라고 할 때(p.139).
문법 당신'을' 경고하는 게 아니라 당신'에게' 경고하는 것이므로 to를 붙여야 할 것 같지만 붙이지 않는다.

465 당신은 한 실수를 만드는 중이다.

엑스파일 1-7 정부요원 **Hint** mistake

장면 요원이 멀더에게 총을 겨누고 있을 때, 스컬리가 구해주는 순간 스컬리에게.

466 너는 그 인기있는 소녀와 데이트하는 중이다.

빅뱅이론 8-2 에이미 **Hint** date, popular

장면 그러니까 자꾸 나를 무시하는 태도를 보이지 마(에이미가 쉘든에게).
문법 인기 있는 소녀'를'이 아니라 소녀'와'이기 때문에 꼭 with를 붙여야 할 것 같지만 붙이지 않는다.

익힌 단어

eat [iːt]	먹다
make [meik]	만들다
girl [gəːrl]	소녀
her [hər]	그녀의, 그녀를
time [taim]	시간

익힐 단어

mistake [mistéik]	실수
marry [mǽri]	결혼하다
date [deit]	데이트하다
popular [pɑ́pjulər]	인기있는
read [riːd]	읽다
warn [wɔːrn]	경고하다

참고 4시간에 끝내는 영화영작:기본패턴 8단원

467 나는 그것을 만드는 중이다. I'm making it.

468 너는 한 실수를 만드는 중이다. You're making a mistake.

469 나는 너에게 경고하는 중이다. I'm warning you.

470 나는 시간을 잃어버리는 중이다. I'm losing time.

471 그는 그녀와 데이트하는 중이다. He's dating her.

472 너는 그 인기있는 소녀와 데이트하는 중이다. You're dating the popular girl.

473 우리는 그 책을 읽는 중이다. We're reading the book.

답 1 I'm losing time.
2 I'm warning you.
3 You're making a mitake.
4 You're dating the popular girl.

반복 횟수 1회 □ 2회 □ 3회 □ 4회 □

I am not making it.

누가	상태모습이다	어떤	무엇을
내가	상태모습이 아니다	**만드는 중인**	**그것을**

앞에서(p.108)처럼 상태모습이다(be동사, am) 뒤에 not을 붙이면 '상태모습이 아니다'라는 문장이 된다.

474 너는 그와 결혼하는 중이 아니다.
빅뱅이론 7-24 버나뎃 **Hint** marry

장면 단지 그 남자랑 결혼하는 게 아니라 그의 가족과 결혼하는 것이다.
문법 그의 가족'을'이 아니라 그의 가족'과'이기 때문에 꼭 with를 붙여야 할 것 같지만 붙이지 않는다.

475 저것은 그 사람들을 멈추는 중이 아니다.
엑스파일 1-2 멀더 **Hint** stop

장면 술을 권하는 멀더에게 2시밖에 안됐다고 스컬리가 거부하자.
문법 stop은 단모음o 단자음p로 끝나는 단어이므로 p를 하나 더 쓰고 ing를 붙인다(stopping).

476 나는 그 법을 부수는 중이 아니다.
엑스파일 9-7 헨리 브룩 **Hint** break, law

장면 다른 건 다 하겠지만, 법을 어기는 것은 안돼.

477 난 그녀를 떠나는 중이 아니다.
엑스파일 5-7 스컬리 **Hint** leave

장면 의사가 아파하는 아이를 염려하는 스컬리에게 권한이 없다고 하니.

익힌 단어

people [píːpl] 사람들

make [meik] 만들다

leave [liːv] 남기고 떠나다

marry [mǽri] 결혼하다

익힐 단어

break [breik] 부수다

law [lɔː] 법

stop [stap] 멈추다

참고 4시간에 끝내는 영화영작:기본패턴 8단원

478 나는 그것을 만드는 중이다. I'm making it.

479 나는 그것을 만드는 중이 아니다. I'm not making it.

480 너는 그와 결혼하는 중이 아니다. You're not marrying him.

481 저것은 너를 멈추는 중이다. That's stopping you.

482 저것은 그 사람들을 멈추는 중이 아니다. That's not stopping the people.

483 나는 그 법을 부수는 중이 아니다. I'm not breaking the law.

484 나는 그녀를 떠나는 중이 아니다. I'm not leaving her.

정답 1 You're not marrying him.
2 That's not stopping the people.
3 I'm not breaking the law.
4 I'm not leaving her.

반복 횟수 1회 □ 2회 □ 3회 □ 4회 □

누가 상태모습이다 어떤 무엇을
내가 상태모습이다 사는 중인 그것을

'누가(I)-상태모습이다(am)-어떤(buying)-무엇을(it)'과
'누가(I)-한다(buy)-무엇을(it)'인 문장이 섞여서 나온다.

485 그것은 그를 먹는 중이다.
엑스파일 9-18 도겟 요원 **Hint** eat

장면 그는 초능력을 쓰면 쓸수록 죽어가니까요.

486 나는 당신의 이야기를 사는(믿는) 중이 아니다.
엑스파일 2-18 제이슨 **Hint** buy

장면 (의역: 당신의 이야기를 믿는 중이 아니다.) 자기 자신을 죽이기 위해 미래에서 왔다고 하자.

487 나의 고양이는 나의 일기를 읽는 중이다.
글리 1-16 피어스 **Hint** diary

장면 혼잣말. 엉뚱한 피어스.

488 우리는 그것을 짓는 중이었다.
로스트 3-22 줄리엣 **Hint** build

장면 활주로를 만들어서 외계인으로부터 도망치기 위해! (농담으로)

익힌 단어

story [stɔ́ːri] 이야기
eat [iːt] 먹다
your [júər] 너의
read [riːd] 읽다
buy [bai] 사다, 믿다

익힐 단어

build [bild] 짓다
cat [kæt] 고양이
diary [dáiəri] 일기

참고 4시간에 끝내는 영화영작:기본패턴 8단원

489 나는 그것을 사는 중이다. I'm buying it.

490 그녀는 그것을 산다. She buys it.

491 나는 너의 이야기를 믿는 중이다. I'm buying your story.

492 그것은 그를 먹는 중이다. It's eating him.

493 나의 고양이는 나의 일기를 읽는 중이다. My cat is reading my diary.

494 나의 고양이는 나의 일기를 읽는다. My cat reads my diary.

495 우리는 그것을 짓는 중이었다. We were building it.

정답 1 It's eating him.
2 I'm not buying your story.
3 My cat is reading my diary.
4 We were building it.

반복 횟수 1회 □ 2회 □ 3회 □ 4회 □

Our baby will be smart.

누가		상태모습이다	어떤.
우리의	아기가	상태모습일 것이다	똑똑한

그동안 배웠던 문장들이 섞여있다.
문장 뒤의 숫자는 앞서 나왔던 그 문장의 번호이다.

496 엄마는 그녀의 저녁식사를 마신다. — Mom drinks her dinner.

497 나는 나의 과자를 가져왔다. — I brought my snack.

498 나는 그것을 받아들이지 않을 것이다. — I won't accept it.

499 이 세계는 미쳤다. — This world is crazy.

500 꿈들이 정답이다. — Dreams are answers.

501 나는 한 기도하는 사람이 아니다. — I'm not a praying person.

502 한 용은 한 노예가 아니다. — A dragon is not a slave.

익힌 단어		익힌 단어	
brought [brɔːt]	가져왔다(bring의 과거)	**option** [ápʃən]	선택사항
accept [æksépt]	받아들이다	**evil** [íːvəl]	악마, 악한
answer [ǽnsər]	대답, 정답	**everyone** [évriwʌn]	모든 사람들
praying [preiŋ]	기도하는	**stupid** [stjúːpid]	멍청한
slave [sleiv]	노예	**break** [breik]	부수다
defeat [difíːt]	패배	**law** [lɔː]	법

참고 4시간에 끝내는 영화영작:응용패턴 1단원

503 패배는 한 선택사항이 아니었다. Defeat wasn't an option. 352

504 한 악마는 한 자동차를 운전한다. An evil drives a car. 366

505 모든 사람들은 멍청하다. Everyone is stupid. 376

506 나는 그것들을 좋아하지 않았다. I didn't like them. 405

507 911을 불러라. Call 911. 421

508 화내지 마라. Don't be angry. 432

509 나는 그 법을 부수는 중이 아니다. I'm not breaking the law. 470

수고하셨습니다
2015년 11월 ~ 12월에 출간될
8시간에 끝내는 기초영어 미드천사: 기초회화 패턴에서
다시 뵙겠습니다.

반복 횟수 1회 ☐ 2회 ☐ 3회 ☐ 4회 ☐

불규칙동사 1

형태구분	현재형(~한다)	과거형(~했다)	과거분사형(~된)	뜻
A-B-C	am, is	was	been	상태·모습이다
	are	were	been	상태·모습이다
	do, does	did	done	(행동)한다
	fly	flew	flown	날다
	see	saw	seen	봐서 알다
	begin	began	begun	시작하다
	drink	drank	drunk	마시다
	ring	rang	rung	울리다
	shrink	shrank	shrunk	줄어들다
	sing	sang	sung	노래하다
	sink	sank	sunk	가라앉다
	swim	swam	swum	수영하다
A-A-A 끝 철자가 t	bet	bet	bet	걸다
	broadcast	broadcast	broadcast	방송하다
	burst	burst	burst	폭발하다
	cost	cost	cost	비용이 들다
	cut	cut	cut	자르다
	fit	fit	fit	딱 맞다
	hit	hit	hit	치다
	hurt	hurt	hurt	다치게 하다

형태구분	현재형(~한다)	과거형(~했다)	과거분사형(~된)	뜻
	let	let	let	허락하다
	put	put	put	놓다
	quit	quit	quit	그만두다
	set	set	set	놓다
	shut	shut	shut	닫다
A-B-A+n	bid	bade	bidden	입찰하다
	blow	blew	blown	불다
	draw	drew	drawn	끌다, 그리다
	drive	drove	driven	운전하다
	eat	ate	eaten	먹다
	fall	fell	fallen	떨어지다
	forbid	forbade	forbidden	금하다
	forgive	forgave	forgiven	용서하다
	give	gave	given	주다
	go	went	gone	가다
	grow	grew	grown	자라다
	know	knew	known	알다
	ride	rode	ridden	(탈것을) 타다
	rise	rose	risen	솟아오르다
	sew	sewed	sewed/sewn	꿰매다

불규칙동사 2

형태구분	현재형(~한다)	과거형(~했다)	과거분사형(~된)	뜻
	shake	shook	shaken	흔들다
	show	showed	shown	보여 주다
	take	took	taken	가져가다
	throw	threw	thrown	던지다
	write	wrote	written	글씨를 쓰다
A-B-B+n	bear	bore	born/borne	낳다
	beat	beat	beaten	치다
	bite	bit	bitten	물다
	break	broke	broken	부수다
	choose	chose	chosen	고르다
	forget	forgot	forgot/forgotten	잊다
	freeze	froze	frozen	얼리다
	get	got	got/gotten	(없던 것이) 생기다
	hide	hid	hidden	숨기다
	lie	lay	lain	눕다
	speak	spoke	spoken	말하다
	steal	stole	stolen	훔치다
	swear	swore	sworn	맹세하다
	tear	tore	torn	찢다
	wake	woke	woken	(잠을) 깨우다
	wear	wore	worn	입다

형태구분	현재형(~한다)	과거형(~했다)	과거분사형(~된)	뜻
A-B-B 자음, 모음변화	bring	brought	brought	가져오다
	buy	bought	bought	사다
	catch	caught	caught	붙잡다
	fight	fought	fought	싸우다
	seek	sought	sought	찾다
	teach	taught	taught	가르치다
	think	thought	thought	생각하다
	creep	crept	crept	기다
	feel	felt	felt	느끼다
	keep	kept	kept	유지하다
	kneel	knelt/kneeled	knelt/kneeled	무릎꿇다
	sleep	slept	slept	자다
	sweep	swept	swept	쓸다
	weep	wept	wept	(흐느껴) 울다
	leave	left	left	(남기고) 떠나다
	lose	lost	lost	잃다, 지다
	sell	sold	sold	팔다
	tell	told	told	말하다

불규칙동사 3

형태구분	현재형(~한다)	과거형(~했다)	과거분사형(~된)	뜻
A-B-B 자음변화	bend	bent	bent	구부리다
	build	built	built	짓다
	burn	burnt/burned	burnt/burned	태우다
	deal	dealt/dealed	dealt/dealed	다루다
	mean	meant	meant	의미하다
	send	sent	sent	보내다
	spend	spent	spent	소비하다
	have, has	had	had	가지다
	hear	heard	heard	듣다
	lay	laid	laid	눕히다
	pay	paid	paid	지불하다
	say	said	said	말하다
	make	made	made	만들다
A-B-B 모음변화	bind	bound	bound	묶다
	find	found	found	찾다
	dig	dug	dug	파다
	hang	hung	hung	걸다
	stick	stuck	stuck	붙다

형태구분	현재형(~한다)	과거형(~했다)	과거분사형(~된)	뜻
	sting	stung	stung	찌르다
	strike	struck	struck	치다
	swing	swung	swung	흔들리다
	win	won	won	이기다
	feed	fed	fed	먹이다
	hold	held	held	붙잡고 있다
	lead	led	led	이끌다
	meet	met	met	만나다
	read	read [red]	read	읽다
	shine	shone	shone	빛나다
	shoot	shot	shot	쏘다
	sit	sat	sat	앉다
	slide	slid	slid	미끄러지다
	spit	spit/spat	spit/spat	침 뱉다
	stand	stood	stood	일어서다
	understand	understood	understood	이해하다
A-B-A	become	became	become	되다
	come	came	come	오다
	run	ran	run	달리다

미드 찾아보기

제목으로 찾기 가나다 순서, 검은색 숫자가 페이지 번호

단어로 찾기

학습 단계

입문 초급

말하기·쓰기 기본서

8문장으로 끝내는
유럽여행 영어회화

8시간에 끝내는
기초영어 미드천사
:왕초보 패턴

8시간에 끝내는
기초영어 미드천사
:기초회화 패턴

아빠표
영어구구단
+파닉스

2시간에 끝내는
한글영어 발음천사

어휘
2019년

6시간에 끝내는
생활영어 회화천사
5형식/준동사

6시간에 끝내는
생활영어 회화천사
전치사/접속사/
조동사/의문문

TOP10
영어공부

읽기

직독직해 1,2?
2017년

직독직해 3?
2018년

직독직해 4?
2018년

듣기는 원어민 음성 MP3로
모든 책(나쁜 수능영어 제외)에 포함되어 있습니다.
문법은 활용 가능한 방식으로
모든 책에 적용되어 있습니다.

중급	고급

4시간에 끝내는
영화영작: 기본패턴

4시간에 끝내는
영화영작: 응용패턴

4시간에 끝내는
영화영작: 완성패턴

영어명언 다이어리
2018

영화?
2018년 10월

TOP10 연설문

??
2018년

직독직해 5,6?
2019년

솔로몬의 지혜
:잠언 영어성경

나쁜 수능영어

TOP10 XXXX
2018년 6월

단락 안에서의 성함은 가나다 순서입니다.

힘들 때조차 주어진 환경이 최선이라고 생각하며 모든 순간 **여호와**께 감사드립니다.
고린도 전서 1:25 하나님의 어리석음이 사람보다 지혜롭고 하나님의 약하심이 사람보다 강하니라

이 책의 많은 부분을 다듬어 주고, 루나를 잘 돌보고, 항상 응원해주는 아내 **이향은**께 감사드립니다.

여러모로 신경 써주신 **이순동** 장인어른과 **김분란** 장모님, 이 책의 강의를 위해 매주 시간을 내주신 **김행자** 어머니와 허락해주신 **황오주** 아버지께 감사드립니다.

가르치는 기술이 아닌, 그 기술을 터득하는 법을 알려주신 **권순택** 선생님께 감사드립니다.

집필할 장소를 빌려주신 **서울시 청년창업센터분들**께 감사드립니다.

흔쾌히 녹음해준 **Daniel Neiman**께 감사드립니다.

책의 설문조사에 도움을 주신 **씨네21**과 **영어꿀카페** 매니저님께 감사드립니다.

책에 쓰인 산돌 고딕 neo1, 산돌 명조 neo1 폰트를 만들어주신 **산돌 커뮤니케이션**, 맞춤법 검사기를 만들어 주신 부산대학교 **인공지능연구실**과 **나라인포테크**, 예쁘게 제작해주신 **동양인쇄**(인쇄), **경성문화사**(제본), 책을 보관 및 정확한 시간에 배송해주시는 **출마로직스 분들**께 감사드립니다.

책을 팔 수 있도록 이벤트 및 관리해주시는 교보문고 **곽현정** MD님, **권영석** MD님, **양현정** MD님, 알라딘 **김채희** MD님, 반디앤루니스 **박병찬** MD님, **이진희** MD님, 북센 **송희수** MD님, 영풍문고 **손준형** MD님, **이진주** MD님, **임두근** MD님, 인터파크 **윤영우** MD님, 랭스토어 **한광석** 팀장님, 각 서점의 외국어 MD님들께 감사드립니다.

제가 성장할 수 있도록 많은 도움을 주신 영어 선생님들(**강수정, 김경환, 문영미, 박태현**), 디자인 선생님들(**김태형, 안광욱, 안지미**), **장도영** 이사님, **빛과 소금 회사 분들**, **조영하** 아버님, **학생들**께 감사드립니다.

예전 저서를 출간해주신 **리베르, 와이엘북, 위즈덤하우스** 대표님들과 관계자분들께 감사드립니다.

소개 및 이벤트를 진행해주시는 굿모닝팝스 **김은경** 기자님, 씨네21 **박지민** 기자님, 무비스트 **서대원** 편집장님, 블로거링크 **이강섭** 대리님, 뚜르드몽드 **이소윤** 기자님, 바앤다이닝 **이지은** 기자님, 신문사와 잡지사 기자님들께 감사드립니다. 증정 및 리뷰 이벤트 진행해주신 **카페 매니저**님들께 감사드립니다.

네이버 블로그와 네이버 카페 관계자분들, 네이버 책 관계자 분들께 감사드립니다. 흔쾌히 리뷰 써주신 **블로거** 분들께 감사드립니다.

miklish.com 카페 회원분들과 읽어 주신 **독자분들**께 진심으로 감사드립니다. 영어로 원하시는 모든 것을 얻을 수 있도록 최선을 다하겠습니다.